重绘你的生命底色

来自萨提亚的成长启发

邱丽娃 著

中国出版集团有限公司

世界图书出版公司

北京　广州　上海　西安

图书在版编目（CIP）数据

重绘你的生命底色：来自萨提亚的成长启发／邱丽娃著. —北京：世界图书出版有限公司北京分公司，2024.2
ISBN 978-7-5232-0828-1

Ⅰ.①重… Ⅱ.①邱… Ⅲ.①家庭关系－社会心理学 Ⅳ.①C913.11

中国国家版本馆CIP数据核字（2023）第175963号

书　　名	重绘你的生命底色：来自萨提亚的成长启发	
	CHONGHUI NI DE SHENGMING DISE	
著　　者	邱丽娃	
策划编辑	陈俞蒨	
责任编辑	陈俞蒨	
装帧设计	崔欣晔	
出版发行	世界图书出版有限公司北京分公司	
地　　址	北京市东城区朝内大街137号	
邮　　编	100010	
电　　话	010-64038355（发行）　64033507（总编室）	
网　　址	http://www.wpcbj.com.cn	
邮　　箱	wpcbjst@vip.163.com	
销　　售	新华书店	
印　　刷	中煤（北京）印务有限公司	
开　　本	880mm×1230mm　1/32	
印　　张	7.5	
字　　数	136千字	
版　　次	2024年2月第1版	
印　　次	2024年2月第1次印刷	
国际书号	ISBN 978-7-5232-0828-1	
定　　价	49.00元	

回归

在自然界关于回归出生地的故事中，最为人熟知的应该是鲑鱼洄游。

春天，鲑鱼出生在中高海拔的清澈溪流中，当年的夏季、秋季和酷寒的冬季，它们就在溪流较深的地方生活、成长。第二年，当白天变长、天气回暖时，雪水融化，汇入溪流，溪水的流速越来越快。这时，鲑鱼的身体也开始发生变化，为游向大海做准备。它们背脊附近的气囊开始充气，以保障身体在游向下游的过程中能够维持平衡；体内的荷尔蒙也有了变化，以适应咸水的环境。在这种变化的推动下，它们会快速地游向海洋。

它们顺着春天的溪水，游过峡谷和松林。路途中会遭遇种种挑战，比如环境污染、土地开发以及水库和水坝的重重阻隔。最后，历经千辛万苦，它们游到了盼望许久但完全陌生的咸水海洋中。

鲑鱼在咸水海洋中汲取营养，茁壮成长，三年后再开启洄游之旅，游回出生的地方产卵。三年间，它们可能已经从太平洋游到了印度洋，甚至游到了北极附近。但不管游出去多远，鲑鱼总能回到最初生长的地方。

洄游之旅中，鲑鱼会在入河时遭遇巨大的危机。经过几万公里的旅行，溪流已经积聚成湍急的洪流，奔涌着汇入大海。鲑鱼们必须逆着巨大的水流游出很远，才能通过河口，进入水势平缓的区域。

入河之后，它们还要面临水坝的阻隔。当年十月，它们要游到水坝底部寻找鱼梯，并借助鱼梯跨越水坝，再逆游通过水坝上方的水库。穿越水坝时，它们还会被人类、鸟、熊等捕捉，通常会有三分之一的鲑鱼丧命于洄游途中。

此外，鲑鱼在洄游至河流的入海口时，就已紧闭喉头不再进食。也就是说，在剩余的几百、几千千米的洄游之旅中，它们要对抗的不仅是自然界的各种艰难险阻，还有身体的饥饿。能游回到出生地的鲑鱼，体重一般会下降三分之一。

但是，即便危险、困难重重，鲑鱼也绝不会停下回家的脚步。这趟艰难的旅程会让雌性鲑鱼遍体鳞伤，但它们还是拼尽全力游回故乡再产卵。这期间，雄性鲑鱼会一直守护自己的伴侣。产卵结束后，它们会再守护这个最初生长的地方几小时，之后，慢慢地衰竭、死亡。而它们的尸体，则会成为溪畔各类动物的食物。昆虫从中获得养料，不久后又成为新孵化出的幼鱼的口粮。鲑鱼的命运就这样一代又一代地交替上演。

其实，人类的命运何尝不是如此？在一代代交替上演的命运中，我们享受生命的快乐，也时常遭受伤害。幸好，人可以把握自己的命运，只要努力挖掘自己的内心，就可以在一定程度上消除旧伤，避免新伤；如果足够努力，甚至能打造一个全新的自己。本书给读者提供的，就是这样一个疗伤之旅。

疗伤之旅的起点：探究原生家庭问题

我们出生、成长，不断向前走，却也时常回眸。因为那里有个家，有熟悉的味道、听惯的声音，这些事物有时可以陪伴你前行，但有时也会令你黯然神伤。而转身面对不仅需要勇气，也需要在背包里准备一些疗伤的药品。

我们不是鲑鱼，但仍可以回溯成长的路，查看在"家"中受过的伤，开启疗伤之旅。在这段旅途中，我们会伤心难过，但不应把所有力气都花在责怪父母上。因为这对自我疗愈毫无帮助。事实上，我们最该做的是超越原生家庭，活出新的自我。

即便你不愿面对，那些伤仍会一直存在于你的生活中，影响着你。因此，最好的应对方法是转过身，直面它们。这时，你可能需要一些帮助，比如找心理咨询师，或加入某个互助团体，等等。这本书也会提供一些方法，让你无须借助外力，就可以自我疗愈。

想摆脱原生家庭的种种影响，需要学会与拥有很多知识和能力，比如觉察自我、关照自我、换位思考、建立界限等。这些方法不仅可以运用到自我疗愈的过程中，还可以在生活的各个方面为你提供帮助。

自我新生：消除原生家庭的负面影响

我们从小生活在原生家庭中，也很受其影响。对于家庭塑造的这个自己，你满意吗？如果不满意，你想活成理想中的样子吗？如果想，你就必须消除原生家庭对你的负面影响。这是一个艰难但能重塑自我的过程。

在这个过程中，我们不仅要重新梳理自己的情绪、情感，还要重新塑造性格与心态，蜕变为一个全新的自己。这个新的自我如果再次遇到之前的问题，就会以新的方式来应对，而不是重复旧的方式。

与此同时，我们还能学会一些稳固自我的方法。比如，在心里给自己加油打气，或在日记中写下自己的优点，等等，以此提升自我价值感，获得前进的力量。我们要尽可能多地运用这些方法，储备更多的能量完成这趟回家之旅。

这就像鲑鱼在咸水海洋中生活三年，虽然会遭遇很多危机，但也汲取了丰富的营养，储备了足够的能量，所以最终才能回到自己的故乡。

回家之旅：改善家庭关系

每个人最终都将回归家庭。这个家庭可能是你的原生家庭，也可能是你自己的小家庭。对我们来说，家是成长之所在，是遮风避雨的地方，也是获得支持和帮助的场所，是我们每个人的根。

鲑鱼历经千辛万苦，就是为了回到出生的那条小溪流，繁衍下一代。我们在重塑了全新的自我后，同样要回归家庭，**以一种崭新的姿态面对父母**。所谓的回归，并不是指我们已经长大，要去管教父母，而是指我们更加成熟，更能理解父母，愿意用一种新姿态与父母和谐相处。

完成自我更新的人可以摆脱上一辈糟糕婚姻的影响，**以一种新姿态经营自己的婚姻**。他们会在爱的引领下，与伴侣共同成长，互相成就，努力经营自己的小家庭，营造一个充满爱的环境，**以一种新姿态教养下一代**，并终结上一代造成的伤害。

这是一趟旅程，旅程的长短因人而异，但有一点可以确定：这一路上，你会收获很多美丽的风景，这些风景将是你人生中最珍贵的养料。

前言
从原生家庭中解绑，超越过去的自己

很多人在提到原生家庭时都会五味杂陈。家，多么温馨的字眼，它本应该是一个充满爱的港湾，但实际上，除了爱，它也常常带给我们伤害。面对这些伤害，不管我们多么愤怒，多么委屈，都无法还击。因为那些伤害我们的人都是我们最亲近的人，伤害他们就是伤害我们自己。

我们总能在自己身上发现父母的影子，尤其是在长大成人后。比如，我们受够了爸爸的暴脾气，可当我们有了孩子、对他不满、冲他大吼大叫时，才发现自己和爸爸如此相似。又比如，我们小时候经常看到妈妈因当老好人而吃亏，在心里发誓，将来绝不做这样的人。可是长大成人后，当我们在生活和工作中一次次妥协、退让时，才发现自己和妈妈并没有什么区别。一个人如果小时候听过太多苛责的话，比如"你真是笨死了""看你长大能有什么出息"，或者"我怎么会生出你这样的孩子"，就很容易陷入自卑。如果一个人小时候受过极为严厉的管教，或者经常看到父母争吵，就很容易自责。因为幼小的他根本弄不清楚原因，只会将一切问题都归咎于自己。长大后，只要身边的人不高兴，他就会觉得和自己有关系，并陷入深深的自责。如果一个人小时候经常被忽略，被丢到门外"反思"，或者常被威胁"不听话就不要你了"，那么长大后他通常会缺乏安全感，总是担心"被抛弃"。面对爱情时，他要么小心翼翼、如履薄冰，要么常常无端闹情绪，通过"作"寻求关心。

在原生家庭的影响下，我们成长为让自己很不满意的样子。

越长大，我们越会发现，原生家庭带来的那些伤害几乎从未消失。它们潜藏在我们心里，一旦遇到合适的契机，就会爆炸，让我们的内心千疮百孔。

我们到底应该怎样看待原生家庭呢？关于这个问题，很多朋友的态度是这样的："我很清楚，他们其实是爱我的，这些伤害并不是他们的本意。他们生我、养我，为此付出了很多，难道我还要和他们算这笔账吗？"或者说："都是过去的事了，算了吧。所有人都是这样过来的，何必斤斤计较？"又或者说："如果实在无法和父母融洽相处，那就离远一点儿。"

本质上，这些态度都是在回避问题。提到原生家庭问题时，人们通常有两个很可怕的误区。

第一个误区，是将解决原生家庭问题等同于声讨、控诉父母，并因此陷入自责，觉得自己就是个"白眼狼"。但其实，我们对父母的感情原本就是复杂的，有爱，也可能有恨，为什么不能同时接纳这两部分呢？只有疏解那些阻碍感情的部分，爱才能流动。只有接纳原生家庭的不完美，才能接纳自己的不完美。**除此之外，我们还必须认识到一点：解决原生家庭问题，是为了让自己更好地成长，并不是为了指责谁**。也就是说，在面对原生家庭问题时，我们要着眼于自己，而不是父母。我们需要改变未来，而不是过去；我们应渴盼自我成长，而不是父母认错。

第二个误区，是**认为自己已经成年，只要时间够长、距离够远，原生家庭的问题就会自行消失**。这不过是一种自我欺骗。当我们结束一天的工作、回到家中、关起门时，内心总有一些东西在隐隐作痛。

我们之前已经说过，没有人能彻底逃离原生家庭。我们可以逃离父母，却无法逃离父母对我们造成的影响。即便竭尽所能，将自己与过去、与父母的联系彻底切断，但自己还在，因此总有一些东西无法挣脱。**在原生家庭的问题上，好坏、对错都不重要，重要的是，那些客观发生的事在我们心里留下了怎样的印记，我们应该怎样修复内心，活成自己想要的样子**。

很多人认为，只有童年不幸的人，才需要面对原生家庭的问题。但其实，**每个人都应该借助原生家庭的视角，寻找内心真实的自己。因为只有这样，我们才能实现超越，超越不完美的父母、不完美的过去。**

你可能明白这些道理，但依然不知道怎么做。你可能看过很多相关的书，上过很多相关的课程，但仍对此一头雾水。那么，就来读一读本书吧！**在本书中，我会从以下四个方面为你提供帮助。**

第一，如何改变自己。本书共分为三个部分，所有内容都聚焦于此。首先，我会鼓励你重新面对自己的原生家庭，修正自己的态度；其次，我会与你一起梳理自身的情绪、情感，重塑自己的性格、心态；最后，我会引导你以一种新的姿态经营家庭关系，包括与父母的关系、与恋人或伴侣的关系以及与孩子的关系。我会通过这样的方式帮你活出全新的自己。在这个过程中，我们虽然会提及过去，但绝不会让你沉溺其中。

第二，提供更多体验式的练习。我从事原生家庭方面的研究已经四十多年，因此，我很清楚，没有人会喜欢说教式的指导。三十多年的助人经验告诉我，不管我们在头脑中有多么深刻的思考，产生了多么大的风暴，只要不付诸实践，就不可能有任何改变。那些情绪、情感以及我们内心的各种矛盾、冲突，都是真实存在的，仅凭思考根本无法化解。所以，在这本书中，我会利用自己之前帮助上万人的经验，引导你进行非常实用、有效的心理学练习。

有些朋友可能读过《萨提亚家庭治疗模式》这本书。书中介绍的"萨提亚家庭治疗模式"，理论内涵十分丰富，同时面向家庭中的每个人，是非常实用的专业工具。我会以这种治疗方式为主，结合其他流派的方法，帮助你不断成长。这种成长包含很多层面，比如个人潜意识、家庭关系、沟通、与父母和解等。我会将这些层面排列起来，形成一个循序渐进的系统，一步一步地帮助你实现突破。

第三，不仅教授切实可行的方法，也给予温暖。我们在提及原生家庭的问题时，总会有一些不快。所以我希望这本书能为你营造一个安全的空间，让你可以允许自己暂时变得柔软，同时赋予自己更多的勇气。在我的心理学课堂上，每个学员都很享受我营造的氛围。他们说，在这样的氛围中会有被滋养的感觉。我希望这本书也可以带给你这样的感觉。我不喜欢单纯的说教，我会竭尽所能地理解每个人的情感和需求。我希望，我给予你们的陪伴充满力量，可以支撑你走过生命中的那些寒冬。

第四，让你认识到，你是原生家庭中的一员，你可以借助整个家庭系统的力量成长。有些人虽然已经长大，但仍无法摆脱原生家庭的"骚扰"。比如，有些人结婚后依然会受到父母的干涉，或根本无法与父母和平共处。萨提亚家庭治疗模式在这方面能够发挥非常重要的作用。它提倡的是，让个体融入家庭，借助整个家庭系统的力量成长，而不是让个体独立于家庭之外，仅凭一己之力成长。你要相信，当你发生改变时，你周围的一切也会慢慢发生改变。

我很期待在这本书中与你相遇！愿这本书能让你释然、解脱，活出新的自我，收获新的关系！

目录

先行篇
冰山理论

提到原生家庭，总有说不尽的故事。

我有一个很严厉的妈妈和一个不苟言笑的爸爸。在这样的家庭中长大，我没有被培养出幽默的特质，就只是按部就班地读书、接受教育，之后成为一名教师。

一天，出门去学校前，我看到院子里荷花缸中的荷花快要开了。但我不能在家里等着花开，就骑上摩托车去上班了，下班回来后，荷花谢了。它开过，而我完全错过了。一份固定的工作，可以让我获得很多，也会让我错过很多。后来，我一直在想，或许我可以辞去现在的工作，做一些自己真正喜欢的事情。于是，我辞去了稳定的教师工作，成了一名心理教育工作者。这可以说是我的人生转折点。

原生家庭对每个人的影响都非常深远，有的人终其一生都无法摆脱"家"带来的阴影。如果我没有辞去那份工作，一直工作到退休，可以预见，退休后我的生活无非是含饴弄孙，又或者成为一名志愿者。当然，这样的生活也是充满乐趣的，但是，和现在"跑江湖"，到处开课演讲相比，我更喜欢现在的生活。

2019 年，我在壹心理与兹维公司的协助下，录制了 29 堂音频课，听众反响强烈，表示期待音频课的内容以书的形式呈现。于是，我在原来实践练习的内容中，添加了理论方面的论述，便有了眼前的这本书。

自我的内在系统：萨提亚的冰山

我有一个比我小四岁的弟弟，还有一个比我小十岁的妹妹。他们小的时候我都带过，把弟弟带得大一些了，妹妹又出生了，于是我继续带妹妹。妈妈忙的时候，我背着他们，给他们洗澡、洗尿布……俨然是"代理父母"。那时，我的年纪也不大，觉得可以帮上父母的忙，自己好像很"有用"，很有价值。

我读小学五年级时，有一次背着妹妹去同学家玩。妹妹那时才几个月大，我出门时，妈妈说："背好妹妹，别让她摔了。"那时，我想："如果妹妹摔了，那说明我自己也摔了，为什么妈妈没有关心我？"虽然心里这样嘀咕，但我还是按原计划，背着妹妹去同学家玩。

表面上，我没说什么，背着妹妹出去了，但其实我的心理经历了一层又一层的变化。那时我还小，当然不懂这些，长大后，学习了萨提亚的内在冰山，我开始梳理这个心理变化过程的内在机制。

我听到妈妈说，别摔着妹妹。　　　　　　（行为）

我不高兴。　　　　　　　　　　　　　　（感受）

我觉得自己不应该不高兴，感到羞愧。　（对感受的感受）

因为懂事的孩子不可以这样。　　　　　　（观点）

我期待妈妈也关心一下我。　　　　　　　（期待）

我渴望得到妈妈的认同。　　　　　　　　（渴望）

但我不想给妈妈添麻烦。　　　　　　　　（期待）

所以我忽略了自己的需求。　　　　　　　（自我）

我什么都没说，背着妹妹出门了：讨好的应对方式。

重新梳理童年的心路历程，我发现了那个小小的自我有多么渴望被妈妈看到。小时候我经常因为无法理解父母的辛苦而自责，现在我理解了那个自己的内在，与自己达成了和解，也不再责怪自己。看清自己的内在很重要，而运用萨提亚的冰山理论进行自我梳理，会对看清自己起到意想不到的作用。

想要超越原生家庭，活出全新的自我，就必须以整个家庭为单位进行心理治疗，即进行家庭治疗。维吉尼亚·萨提亚

（Virginia Satir）是家庭治疗的先驱，提到家庭治疗，无论如何也绕不开她。在萨提亚的家庭治疗模式中，冰山理论是非常重要的。萨提亚的大部分心理咨询技术都可以在冰山理论（见图 0-1）的不同层次中找到对应之处。最初，萨提亚在开展实际的心理治疗工作时，并没有把冰山理论整理得很清晰，是约翰·贝曼（John Banmen）博士将冰山理论整合出来的。

冰山理论把人的体验分为行为、应对、感受、感受的感受、观点、期待、渴望、自我八个层次[1]。萨提亚的冰山理论认为，一个人的自我就像一座冰山，浮出水面的只有一角，即行为层面的自我，而更多、更大的内在自我掩藏得很深，它们就像海平面下的冰山，他人甚至我们自己也并不了解这些自我。

这座"自我"的冰山是一个人的内在系统，系统的每一个层次之间互相关联，互相影响。一个人如果不理解自己这座自我的冰山，冰山就是不稳固的；如果不理解对方自我的冰山，就容易与对方产生各种冲突、误解。

---

[1]　关于冰山的层次，也有一部分萨提亚理论的学者把感受与感受的感受放在同一层。

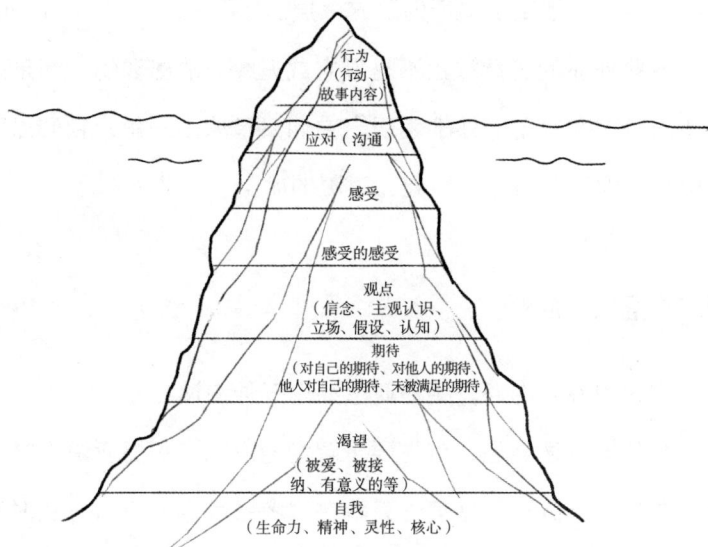

图 0-1　冰山理论模型图

第一个层次：行为

　　行为即一个人外显的言行举止，是看得见且可以直接观察到的。例如，对方大吼一声"干什么"，我们能听到他说话的内容、声音的大小、语调的高低。我们能看到他的表情，比如眼睛有没有瞪大，看向什么方向，嘴角向上还是向下，还有头、身体、手的姿势。这些外显的、可观察的行为，都在这一层。

　　从观察自己的角度来看，在面对具体事情时，你的反应，你显露在外的语言、动作、表情，例如动手打人，哈哈大笑，皱眉不语……都属于"行为"这一层。

这些外显的言行举止不是孤立或无缘无故出现的，而是内在冰山各层次推动的外部表现。它们只是冰山一角，我们需要一层一层地了解海面下更大、更深的冰山。

第二个层次：应对

应对也称为沟通，萨提亚总结出五种沟通姿态。

想了解沟通姿态，首先要了解沟通形态。萨提亚说："'沟通形态'这个概念，是某一天我在思考各种沟通应对方式时形成的。此前，经过多年观察，我已积累了很多这方面的案例，结合对这些案例的思考，我大脑中出现了四种不良的行为表现。表现出这些行为的人其实并没有觉察到，自己是为了生存才这样的。一个人的内心感受和外在表现可能并不一致，我称这种情况为不一致的沟通形态。这并不是新观点，但是为了更直观，我给这些不一致的表现搭配了标志性的身体姿势。

"我认为，身体姿势往往能比言语更有效、更清晰地表达真实感受，于是提出了'沟通姿态'的概念。我发现，特定类型的语言通常也会伴随特定类型的身体姿势和情感。我只是扩展了这些动作，让其变得更加夸张。例如，抑郁者的姿势是，头向上看，肩膀弓着，笨拙地好像要失去平衡一样站着，仿佛在乞求拯救，也似乎只有这样，他才能生存下去。"

　　萨提亚常说，**自我价值感**会影响沟通，此外，**压力**也会影响沟通。生活中有许许多多的情况会给人带来压力，例如：和人吵架；一个项目已经临近最后期限，但你还没有完成；经济困难……萨提亚发现，通常因为有压力的刺激，所以人们在沟通时才会以不良的沟通姿态应对。这种反应是**自动化**的，而不是大脑经过思考做出的选择。当恐惧、愤怒激发体内的压力时，身体都会自发以这种姿态应对，经过多年的积累，身体已经形成习惯，而自己根本意识不到。

　　引发不良沟通姿态有三个重要的条件。

　　1. **对方是重要的他人**。比如，对方是你的父母儿女、兄弟姐妹，你的伴侣、好朋友，你的上司、下属……此外，还有一些你不一定很熟悉的人，他们也许是陌生人，但他们说话的样子，比如体态姿势、面部表情、语音语调等，都会引起你的注意，激发你的反应，所以他们也算是重要的他人。

　　2. **感受到了压力**。比如，面对妈妈，常想到小时候被她训斥的情景；面对孩子，脑中浮现管教孩子时公公婆婆的指责；面对权威人士，比如面对领导，觉得他很像初中老师，和他交流很有压力；面对下属，觉得他讲话的样子很像自己的爷爷，互动时感觉很不自在。

　　3. **自动化的反应**。面对压力时，没经过大脑分析，就自发地做出的反应。这时的反应，其实不是在应对当下面临的状况和问题，而是在应对压力。我们对压力的反应，转移了我们对问题、状况的注意力，使我们失去了焦点。

下面介绍四种不良沟通姿态与一致性沟通姿态。

婴儿离开妈妈的子宫来到人世间，因为太过弱小，在成长的过程不免会感觉受到威胁，比如感觉失去父母的爱。婴儿会因此发展出一套用于自我保护的防御机制，也就是沟通姿态。这些沟通姿态是基于生存的本能形成的，因此也被称为生存姿态。为了寻求生存和发展，婴孩在成长过程中不断地学习和调整，最终拥有属于自己的沟通姿态。为了应对现实世界，每个人都需要不停地学习，掌握自认为最佳的生存法则，不良沟通姿态就是这样形成的。而原生家庭是婴孩最早的生存环境，他们必须适应父母确立的家庭规则，因此不良沟通姿态的形成与原生家庭有很大关系。

之所以会呈现以下四种不良沟通姿态，是因为面对压力时，每个人内心的忧虑和恐惧都不同，为了避免被拒绝，掩盖自己的软弱，不同的人选择了不同的防御机制。

为了从原生家庭的伤害中解脱，完成自我解绑，我们有必要了解这四种不良沟通姿态。以不良沟通姿态进行沟通的人，都聚焦于应对压力，而忽略了真正要解决的问题，因此达不到沟通应有的效果。为了让沟通更有效，我们要先认识并辨识自己的不良沟通姿态，然后有意识地调整、改善，并学习有效的沟通方式。

我们先一起讨论一个案例。

小红是家里的独生女。有一天，小红上班时接到了妈妈的电话。妈妈说："你下班后赶快回来，隔壁的小明刚拿到考试卷，成绩很不好，从今天起你每天给他辅导一会儿功课。"

第一种回应如下。

小红："好的，好的，我下了班马上过去！"实际上，小红正处于生理期，身体不舒服，本想下了班就回自己家休息，但是她不敢违抗妈妈的"旨意"，即便很不舒服，也选择赶回娘家给隔壁的小明辅导功课。

第二种回应如下。

小红："妈妈，隔壁家的小明考试考得怎样，和你有什么关系？你就是这样爱管闲事，你也没问一问我，我到底有没有空？你只关心别人，不关心我！"面对妈妈的要求，小红很有压力，并以强势的姿态反抗，但她没有关注妈妈的情况。

第三种回应如下。

小红："妈妈，现在的小孩太依赖别人的辅导了，根据教育专家的说法，要让孩子掌握学习的方法。我们应该让小明自己发现学习的乐趣。"小红用权威掩盖了自己的不情愿。

第四种回应如下。

小红："妈妈，我正要给你打电话，你就打来了！最近有一部剧很火爆，休息的时候同事们都在聊。你也去看看吧，真的很好看！"小红选择逃避，她既不敢说出自己真实的想法，也没有回应妈妈的要求，而是干脆提了一个不相关的话题。

第五种回应如下。

小红："妈妈，我知道你是看着小明长大的，很关心小明，而且小明妈妈平常也帮了你很多。我也知道，这次小明考得不好，如果我给他辅导功课，正好是一个回报的机会。但是，很不巧，我来例假了，身体不舒服，今天我想先回家休息。过两天我直接和小明妈妈联系，看看我可以帮忙做些什么，你看怎么样？"这样回应妈妈的小红，考虑周全，真正维护了自己的感受，也兼顾了妈妈的需求。

看了有关这个案例的五种回应，你不妨思考一下，在生活中，你的沟通姿态比较接近哪一种？你原生家庭中的家人比较符合哪一种？这五种不同的回应，对应的正是讨好、指责、超理智、打岔、一致这五种不同的沟通姿态，也是我们介绍的萨提亚的沟通姿态。我们可以从一个人的行为、语言、情感（主要感受）、自我概念、生理症状、资源、内在世界这几个方面认识沟通姿态。在解释沟通姿态时，萨提亚用到了身体雕塑，她认为肢体表达比言语更有效、更清晰，所以用雕塑展示出所谓的沟通姿态。她发现，特定类型的语言会伴随特定类型的身体姿势和情感。在通过雕塑表达时，可以对这些语言进行扩展，让它们变得更加夸张，以便大家更直观地体会这些沟通姿态带来的影响。

第一种：讨好型沟通姿态

常以讨好型沟通姿态示人的人，容易对他人表示同意，他的身体是一副讨好的姿势，表情与声音总是很无助，内心深处总想着"没有人喜欢我""我是没有价值的人"。讨好者总是用一种逢迎的方式，试着取悦他人，或向他人道歉，这种沟通姿态的特点见表 0-1。

表 0-1　讨好型沟通姿态的特点

行为	道歉、恳求的神情、请求宽恕、乞怜、依赖、牺牲、屈服、取悦、让步、过分和善、过分雀跃
言语	"这都是我的错。" "我不值得。" "我不重要！" "我很可怜！" "不要把我丢掉！" "没有了你，我一文不值。" "我一无是处。" "我没有价值。" "我只想让你高兴。" "我在这儿，只为了让你高兴。" "我只在意你喜欢什么。" "没事，没事！" "我不值得一提，我不值得被爱！" "我应该永远对别人和颜悦色！" "我绝不能让别人生气。" "我不可以冒犯任何人。"

（续）

情感 （主要感受）	受伤、悲伤、软弱、无助、焦虑、不满、无助、委曲、哀怨、压抑、愤怒
自我概念	低自我价值感、缺乏自信、远离自我
内在资源	关怀的、滋养的、灵敏的、友善的、敏锐的
内在世界	忽略"自我"，尊重另一个人及情境，但不尊重自己真正的感受

讨好型沟通姿态的雕塑：一只手向上伸出，象征给予，另一只手紧紧捂住胸口（见图 0–2）。她好像在说："我愿意为你做任何事情，看到我正在保护自己的心脏，你也许就不会杀死我。"

图 0–2　讨好型沟通姿态的雕塑

这样的身体姿势与相应的讨好型沟通语言搭配，例如"这都是我的错""不要把我丢掉""我只想要让你高兴""我只在意你喜欢什么"……

找一个小伙伴，按照这个雕塑姿势做做看。一个单膝跪地扮演讨好的人，另一个站着扮演被讨好的人，再搭配讨好的言语。两个人面对面练习五分钟，看看有什么感觉？五分钟后，再互换角色体验一下（之后的所有雕塑姿势你都可以试着体验）。

是不是觉得做出讨好的姿态很累？实际上，讨好他人的确是很辛苦的。身体哪里最有感觉？内在经历了什么？很多人在经历了这样的体验后，觉得身体很累，尤其是跪下来的膝盖容易发疼，脖子特别酸，仰人鼻息的感觉很强烈。当自己很想以低姿态赢得对方的同情时，内心就会觉得特别委屈、无助，觉得自己软弱，还有一股被压抑的愤怒。

看着眼前的人以这样的姿态哀求自己，有些被讨好的人会心软，很想把讨好的人扶起来；但也有些被讨好的人会对此感到厌烦、气愤，很想一脚把人踢开。

有些人以讨好的沟通姿态示人，是想通过哀求获取对方的怜悯，有时候确实会如此，但有时候也会适得其反。

第二种：指责型沟通姿态

常以指责型沟通姿态示人的人所说的话通常在表示"不同意"，他们处处质问他人，身体摆出批判、责骂的架势，显然就是要告诉大家：他就是老大。但他的内心深感寂寞与挫败，一直在说"我很孤单、很失败"。这种沟通姿态的特点见表 0–2。

表 0–2　指责型沟通姿态的特点

行为	指责、责骂、咆哮、愤怒、恐吓、批判、评断、吹毛求疵、控制、呵斥、攻击、挑毛病、不同意
言语	他们会说："都是你的错。" "你到底在做什么？" "你什么都做不好。" "都怪你。" "我不是已经讲过了吗？你要我讲几遍？" "你是怎么弄的，有没有用上大脑！" "再不用心点，小心我敲你的脑袋。" "我完全没错。" "你就是这样，我很讨厌你！" "看看你，一点儿出息都没有！" "为什么如此闷闷不乐！" "你怎么回事？" "要不是你，我们用得着这么麻烦？" "和你父亲（母亲）一样。"
情感 （主要感受）	愤怒、挫折、不信任、不满、被压抑的受伤、害怕失去控制、孤单、强势
自我概念	低自我价值感、不成功、远离自我、缺乏控制、无助
内在资源	自我争取、有领导才能、有能量、积极
内在世界	忽略"他人"，只注重自我和情境

指责型沟通姿态的雕塑：摆出批判、责骂的架势，挺直脊背，一根手指笔直地指向他人，一只脚向前伸，以达到唬住别人的目的，为了保持身体的平衡，另外一只手放在腰际。眉头紧皱，脸部肌肉紧绷（见图 0–3）。

图 0-3　指责型沟通姿态的雕塑

这样的身体姿势和相应的指责型沟通语言搭配，例如"这都是你的错""你到底在做什么""如果不是你，我们就不会陷入麻烦"……

同之前一样，重现这个雕塑姿势，问问做出指责沟通姿态的人，以指责姿态示人的感觉怎样？是不是觉自己气势凌人、不可撼动？自己的权威有没有得到维护？身体哪里最有感觉？有没有感到空虚、害怕？

以指责姿态示人的人，用先声夺人的气势掩饰自己内心深处的恐惧并保护自己的感觉怎样？如果保持指责的姿态，很快就会感觉那只伸出去的手很沉重，进而产生无力感，身体容易失去平衡；会脸红脖子粗地想要压住对方，所以呼吸急促，心跳加快。呈现这种姿态的人不信任任何人，他们的内心充满愤怒与挫折，对很多事情不满，感到孤单和孤立无援，他们的外表很强势，但内在很空虚，特别害怕失去控制。

被指责的人一般有两种反应。一种是，你在打压我，在无理取闹，我不服，我要为自己争取权力，同样以指责回击；另一种是，你这么强势，我无法说服你，干脆屈服吧！

表现出指责沟通姿态的人，在潜意识里希望通过指责对方，让对方产生焦虑，进而屈服。但实际上，并不是每次指责都能达到这样的效果，更经常发生的是，对方因为不满而产生更多的冲突。

第三种：超理智型沟通姿态

以超理智沟通姿态示人的人，无时无刻不在讲道理、解释与分析，他们就像计算机一样严谨、刻板，总是表现出一丝不苟、权威、稳定、冰冷与镇静的样子。但是，他们的内在却表达了"我很容易受到攻击""容易受伤""我不能表现得太感性"等感情。超理智的人总认为自己是对的，他们身材较瘦、声音单调、话语抽象。这个类型的人习惯性地"论事不论人"，焦点都放在事情本身，他们会因关心是否符合规矩，是否有道理，而忽略自己和他人。这种沟通姿态的特点见表0–3。

表0-3　超理智型沟通姿态的特点

行为	姿势僵硬而刻板、外表冷淡、神情严肃而高人一等，喜欢操纵和提出建议，客观、无聊、没有情感、固执、卓越、强迫性、有原则、权威、理性化、一丝不苟、说教、分析事理、讲大道理、好辩
言语	逻辑性强，喜欢引用规则，不厌其烦地讲道理、解释、说明，避谈个人或情绪方面的话题。他们会说： "根据过去的经验来看，你应该……做才对。" "按照目前的资料来看，你最好那样做。" "我们要采取具有理论基础的做法，这方面我有研究。" "不要感情用事，要理性思考。" "人一定要理智。" "人一定要讲逻辑。" "一切都是学术的。" "我是冷静的，有把握的。" "抽烟会致癌。" "研究证明，抽二手烟会致癌，我最近看到了一个研究报告，在实验室吸二手烟的小老鼠，80% 会得肿瘤。" "我告诉你，在学校上课时，一定要认真听讲，否则一定学不会。" "喝太多酒，你的肝脏状态会变糟，脑部也会受损。" "无论如何，必须……" "根据……我们应……"
情感 （主要感受）	很少显露情绪、内心极为敏感、孤单、空虚、害怕失去控制、不愿显露脆弱的一面
自我概念	低自我价值感、缺乏自信、远离自我、缺乏控制、无法表露感受
内在资源	博学、注意细节、解决问题、智慧
内在世界	忽略"自我"及"他人"，只注重情境

超理智型沟通姿态的雕塑：身体笔直僵硬，给人的感觉就像计算机一样板正，胳膊交叉抱在胸前，脖子僵直，仿佛套了

个带铁领子的铁圈，一副一丝不苟、权威、稳定、冰冷镇静的样子（见图 0-4）。

图 0-4　超理智型沟通姿态的雕塑

与这样的身体姿势搭配的超理智语言为"我们要采取有理论基础的做法，这方面我有研究""不要感情用事，要理性思考""人一定要讲逻辑"……

同之前一样，重现这个雕塑姿势，问问做出超理智沟通姿态的人，以超理智姿态示人的感觉怎么样？有没有觉得头很涨，身体很僵硬？有很多扮演超理智姿态的人会感觉身体硬邦邦的，血液好像都停止流动了。因为一直在思索有理有据的论据或权威的观点、说法，所以大脑要不停地运转。时间久了，就会觉得头脑发涨，很不舒服。虽然这类人说的话都很有道理，但他们仍然担心失去控制，内心感到很孤单、孤立无援。

与超理智的人沟通就会发现，虽然对方说的都是各式各样有道理的话，但对方并不关心"人"，只关心事情，和他交流会感觉很无奈。你既无法与他产生共鸣，也无法与他交换意见，因此感觉与对方的距离很远！

超理智的人内心很空虚，他们用充满智慧、很有学问的方式与人沟通，试图掩饰自己的脆弱，但结果往往是把对方推得更远。

第四种：打岔型沟通姿态

以打岔型沟通姿态示人的人说话不切题、没有意义，表达混乱、抓不到重点，身体姿态很不自然。他们的内心深处很恐慌，认为"没有人在乎我、关心我"，会用打断别人、言不及义引起注意。其实，他们的内在资源是有趣、自发、有创造力的。这种沟通姿态的特点见表0-4。

表 0-4　打岔型沟通姿态的特点

行为	好动、不安定、操纵的、抓不到重点、傻傻的；不能专注于一件事、希望吸引别人注意力、习惯性的精神涣散、不合时宜、干扰
言语	抓不到重点、答非所问、转换话题、不愿谈及个人话题、回避情绪方面的交流、讲不合时宜的笑话、言不及义、打断话题。他们会说： "没有人关心这个。" "没有属于我的地方！" "我们谈些有趣的事情吧！" "和你讲个笑话……" "为什么这么紧张，去睡一觉，明天太阳会照常升起。"
情感（主要感受）	很少显露真正的情绪、内心极为敏感、孤单的、孤立的、焦虑、悲伤、空虚的、被误解的、害怕失去控制、易表现出脆弱、困惑、迷失
自我概念	自我价值感低、不成功的、远离自我、感到缺乏控制、无法表露真实的感受、没有人在乎、没有归属感
内在资源	幽默、自发、有创造力、好玩、有弹性
内在世界	忽略"自我"、"他人"及"情境"

打岔型沟通姿态的雕塑：大腿至膝盖紧靠在一起，小腿向外呈"八"字，上身向不同的方向扭曲，动作夸张，很难停下来，回避别人的眼神交流。像倾斜的陀螺一样不停地旋转，不知道要转到哪里（见图 0-5）。

这样的身体姿势搭配的打岔语言有"没有人关心这个""没有属于我的地方""我们谈些有趣的事情吧""给你讲个笑话"……

同之前一样，重现这个雕塑姿势，问问做出打岔型沟通

图 0-5　打岔型沟通姿态的雕塑

姿态的人，以打岔的姿态示人感觉怎样？很多人在扮演后都觉得头晕目眩，脚下空荡荡的，好像没踩在地上。内心空虚、孤独，经常感到很困惑，不知道自己想要什么，有一种迷失感！

　　与表现出打岔姿态的人沟通，会觉得摸不到对方的"边"，几乎无法与他对焦，感觉对方一直在摆龙门阵，说话像捉迷藏。虽然偶尔会觉得很有趣，但是这样的沟通无法实现真正的交流。

　　这样的人早就计划好如何面对压力事件：故意岔开话题，回避有关压力事件的沟通。这种方法的确可以躲避一时，但问题只是被搁置了，并没有真正解决，而且这样做很可能会错失解决问题的时机，所以是得不偿失的。

第五种：一致性的沟通姿态

一致性沟通姿态的人，语言中的信息和对方的交流更契合，朝着同一方向，他的言语和表情、身体姿势及声调是协调一致的。以这样的姿态沟通，对方会感到很舒服、很真诚，会有彼此认可对方价值、彼此尊重的感觉。这种沟通方式可以弥合人与人之间的裂缝，建立真诚放松的互动。这种沟通姿态的特点见表0-5。

表 0-5　一致性沟通姿态的特点

行为	活生生的、独特的、胜任的，有活力的、有创造力的、有生命力的、自信的、能干的、负责任的、接纳的、有爱心的、平衡的
言语	语言、身体姿势与内在感觉协调一致。他们会说："我觉得这个问题有点儿复杂，我们再仔细想想……""你怎么看的，说来听听……""你说此事错不在你，你的理由是……""现在我们俩讨论出来的共识有……而不同的看法是……"
情感（主要感受）	接受相同与不同，能敏锐地觉察自己的感觉
自我概念	完整的、自我价值感高、自信、协调、平衡
内在资源	对自己有清晰的认识，有同理心，对问题的认识清晰、准确
内在世界	自己、他人、情境同等重要

一致性沟通姿态的雕塑：我以具体的语言引导读者们掌握这种姿态。

　　关于一致性的沟通姿态，下面有一段练习的引导语，你可以与一个朋友组成一个练习小组，互相配合、分享，也可以自己练习，自我引导！

　　请你站起来，慢慢地将身体移动到一个让自己觉得舒服的位置，保持身心放松（如果是一个团体，人与人之间需要保持一定距离）。轻轻闭上双眼，或将注意力专注于某件事……达到稳定的状态后，将注意力转移到你的内在。首先让双腿稳定地站着，双脚平稳地踩在地面上……体会脚底传来的感觉，内心升起来自脚底的踏实的安稳感……这种感觉会帮助你更稳定地站立在那里，也会帮助你开启更细微的知觉。也许你会开始感受到脚底的温度，还能感知到一些小小的骚动。深入这些细微的知觉……此时此刻，你对脚下温度的感觉越来越清晰。在这种清晰感的引领下，请你想象这些感觉是从地球的中心传来的，地心的吸引力正吸住你，稳稳地、很牢靠地支持你，此刻这些感觉就是地心引力给你的回应。你独立地站在那里，地球的吸引力让你安稳地立于大地之上。

　　保持这个感觉！

　　现在，把注意力转移至呼吸，慢慢地体验细微的一呼一吸。就是这种呼吸支持你的生命延续到此刻，并在未来继续支持你……

　　接着，把注意力转移至心跳，感受自己心跳的节奏，体会心跳的韵律中蕴含的无限能量，这种能量可能来自天上……也可能来自地心……也可能来自你与周边的人的一些交流。你不是在宇宙的溪流中流浪，而是在这个交流中找到归属……这种心跳会一直陪伴你，它是你与自己的联结，有时给你灵感，让你迸发创造力！

现在以欣赏的语气对自己说："我是独一无二的，我要珍惜自己、爱自己。"

我们继续。

现在，请在头脑中想象，你正在和一个人发生争执，他动作夸张、言语激烈。可是无论对方怎么攻击你，你有什么感受，都请快速将焦点转移到自己身上。在和对方互动时，一方面你应继续尊重自己内心的感觉，另一方面你也可以怀有期待。打开自我深层的知觉，在尊重别人的同时，也深深地尊重自己。

这样的互动保持大约一分钟，你的知觉会变得更加敏锐。这时，请你保留你们之间的争执，保留彼此的互动，让这些争执与互动停在这一刻。接下来，问问自己："我要的是什么？"如果答案符合内心的真实，就说"是的"；如果答案不符合更深的期待，你可以说"不是"……

在与对方的争执中，如果你做错了什么，请真诚地为此道歉。在适当的时候做些解释，开些玩笑，展现自己有趣的一面。

现在，找一个舒适的位置，坐下来，轻轻地闭上眼睛。想要靠近自己时，碰到任何的伤害时，你都可以觉察自己的呼吸，同时更敏锐地觉察自己内在的感觉、想法，并联结自己的自我价值感。

每个人内在的力量都值得尊敬，你也拥有很深的渴望。你的行动，你的感觉，你的能力……是相互交流的。现在请想一想，它们有没有带给你快乐，你是如何让自己快乐的……

再想一想自己的事情，你是怎么与人互动的……请进行自我觉察，在很真诚地说话时，你是如何表达的？会说些什么？感觉如何？

请慢慢地回来，完全回来时，轻轻地睁开眼睛，你会发现周围的空间变得更开阔了……

第三个层次：感受

萨提亚有一个比喻："感受好像温度计。通过看温度计，我们知道气温的高低，由此判断应该穿什么衣服。而感受则会告诉我们自己内在处于什么状态，并帮助我们决定如何应对和表现。"

新生儿不会表达，只能通过感受与外界交互，因此无论有哪些感受，比如肚子饿了、尿布湿了、冷了、热了，他们都会直接表现。但在成长过程中，在主要照顾者的教导和社会文化的熏陶下，他们会渐渐混淆感受与想法。例如：很多男孩子从小就被教育"男儿有泪不轻弹"。于是，当他因被伤害很伤心时，关心他的人问他："你现在感觉如何？"他的回答并不是阐述他的感觉，而是："我觉得那个人太霸道了。"

他与自己的感受失去了联结，无法触及自己的感觉。

我们在成长过程中，常常为了取悦父母而无视自己的感觉。我们很少被鼓励要珍视自己的感觉，创造性地使用感觉。大部分人至今仍然遵循一条禁令：不要在意身体的感觉，不要看"不应该"看的，不要谈论"不应该"谈论的。

实际上，我们的耳朵负责听觉，鼻子掌管嗅觉，嘴巴控制味觉。这些感觉将体验、情绪和智能刺激的感受传递给身体，对我们的生存至关重要。我们的身体是由感官、神经系统和大脑共同掌控的，就像一辆有"三个头"的司机在驾驶的车。感官接收信息，神经系统提供体验，大脑负责加工、转换信息。

最理想的状态是，感官、神经系统和大脑这三者彼此了解、协调一致，接受并重视各自的存在。

萨提亚用泉眼的形象来展示这三者的整合：视线、声音、气味、味道和思想不断进入我们的大脑，和谐交融，让我们可以毫无障碍地、自由地表达自己的真实感受。一个自我整合得较好的人，可以自在、坦然并且准确地表达他看到、听到、想到与感受到的一切。

如果这三者没有得到很好的整合，我们可能会关闭感觉通道，忽视或否认自己的感觉。

有一段关于杰夫与萨提亚谈感受的对话，很有意思。

杰夫："人们怎么样再次建立自我和感受的联结？"

萨提亚："觉察自己的感受，让它觉醒。同时告诉自己，感受不是用来决定什么事情应该发生的，感受就像体温计、温度计，它是在向我们展示事情是什么样的。实际上，身体的其他部分也参与了我们做决定的过程，但很多人说，感受会左右你的决定。"

杰夫："这时候做的决定通常都很糟糕，要立刻停止做决定，完全切断感受。"

萨提亚："有一点非常重要，就是认识到**感受就像将身心融为一体的汁液**，它让我们能看到更多，思考得更清楚，**感觉更敏锐**。我们需要掌控自己的情绪，如果你产生了某种情绪却不能掌控它，并因此说'我没有情绪'，你的能量就会因此流失，你会处于无法了解真实自己的状态。不能说那样的你就不是你真实的样子，但关键是，如果你没有这样做，只是说，这不会带来实质性的改变。比如，你明明很生气，嘴上却说，'不，我不生气'，或者某件事明明令你很兴奋，你嘴上却说，'我一点儿也不高兴'。你看，这些都是情绪谎言，这些谎言会偷走我们的能量。"

很多时候，我们此刻的感受是被当前的事件激发出来的，我们也常常用自己长期积累的感受做出反应，感受总是很依赖过去的经验。

下面我们继续探索冰山的下一层——感受的感受。

第四个层次：感受的感受

一般的心理学会探索到感受的层次，而"感受的感受"不常被碰触，不常被提及，也容易被忽略。但萨提亚流派理论的特别之处，就在于对"感受的感受"的探索与觉察。

所谓"感受的感受"，是指如何看待、对待自己的感受，对于自己的感受有什么判断和评价，能否接纳自己的感受，能否允许自己有这样的感受。当然，在此之前，一定要先觉察自己的感受，这样才能进一步探索感受的感受。例如：生气时，不能接纳自己生气，认为我不应该"生气"，进而对自己的生气感到"羞愧"，这时的"羞愧"就是感受的感受。

上文提到，感受常常受过去积累的经验的影响，感受的感受更是如此。例如：有的人会对自己的生气感到"羞愧"。这可能是因为他从小被教导"不可以生气""有什么可生气的"。于是，在觉察到自己生气时，他会产生"羞愧感"，因为觉得自己违反了"不可以生气"的规则。当一个人认为生气是令人羞愧的情绪时，他在与人沟通的过程中会刻意掩盖这种真实的情绪，无法做到一致性沟通，从而表现出不良的沟通姿态。

第五个层次：观点

我们的信念、主观认识、立场、假设、认知往往是在对过去经验的总结分析中形成的……观点是我们观察事物时所处的立场和出发点，常常与我们对自己的感受交织在一起，两者的联结十分牢固，难以拆分。

例如：一位男士从小被教导"男儿有泪不轻弹"。他深信，男孩子必须要坚强，疼爱他的爷爷去世时，他心里明明很不舍、很悲痛，但是他不敢表露出来。

年幼时，我们掌握的知识极为有限，也往往只能依据这些极为有限的知识进行判断。例如：妈妈告诉我们，她和爸爸在房间说话时，不要进入他们的房间。这时，我们可能会由此得出"爸爸妈妈不喜欢自己"的结论。但事实上，他们可能仅仅是想享受一会儿亲密的二人世界。

在"观点"这一层次，我们要谈谈家庭中的潜规则。家庭中的潜规则很可能在孩子还没学会说话时就已形成。我们刚出生时，没有办法分辨事情的正误，难以靠自己做判断、做决定，所以会模仿爸爸妈妈的做法，久而久之，这些做法就成了家中的潜规则。

家庭是每个人生活、成长的地方，家中的潜规则与日常生活融为一体。它如空气般自然，以一种非常隐蔽的方式发挥作用，我们身处其中，难以辨识这些潜规则。如果想要判断自己是否受家庭中的潜规则影响，可以从一些对自己提出要求的言语开始，比如，你会对自己说："我应该……""我不应该……""我必须……"

萨提亚认为，随着不断成长，我们的心智也不断成熟，我们会意识到家中的某些潜规则已不再适用，这时我们可能认为家庭潜规则对我们的影响会渐渐减弱。但是，事实不一定如此。这种长期且潜移默化地形成的家庭潜规则，往往会让人形成根深蒂固的观念。即便已经明显不再适用，很多人成年之后还是难以摆脱这些潜规则，并且毫无知觉地被影响着！

例如：一个女孩工作多年，已经晋升到管理层，收入颇丰，但每每遇到商家打折，她都会买很多比平时便宜的东西。有些东西买完从来没有用过，但她就是改不掉这个习惯。原来，她小的时候，家里很清贫，买东西时妈妈总是叮嘱"一定要买便宜的"，久而久之，"买便宜的东西"成了刻在她潜意识里的潜规则。即便她在经济上已经很宽裕了，却依旧摆脱不了这条规则的束缚，看到便宜的东西就想买。

第六个层次：期待

人们普遍渴望获得亲密感、亲密关系、完美、自由、兴奋感和创造性。这些渴望往往通过各种期待表现出来。小时候，我们主要依赖他人生存，长大后，其实我们仍像童年一样，期待别人向我们提供资源，满足我们对外在世界的需求。

在与别人的比较中，也会发展出期待。例如：我的同学们都已经买房了，我也想买一套房。之所以有这种期待，其实是因为人们认为，拥有一套房子可以提升自我价值感，获得别人的肯定。然而事实并非如此，买房子只能满足自己的需求，并不会提升自我价值感。

大部分期待都源于过去的经历。如果童年的期待未得到满足而积压在心里，久而久之我们就会衍生出怨恨情绪。如果这股怨恨不能被疏导，将对我们成年后的生活产生很大影响。我们无法让时光倒流，去满足过去的需求，我们能做的是承认有个期待确实没有被满足，然后放弃它，不再纠结那时没人满足自己的需求，把更多的心力放到现在，考虑在当下如何实现自己的渴望。

例如：庆华六岁时，很希望妈妈陪他玩拼图，但是妈妈总是很忙，这个期待一直没有被满足。面对童年未被满足的期待，庆华可以告诉自己，我拥有一个未被满足的期待。我的确拥有这个期待，它属于我。现在我可以放弃它，并且不再因这个期待没有被满足而责怪妈妈。我无法回到童年去实现那个未被满足的期待，我接受这个事实。但是，我还有机会实现当前的期待。

期待在生活中很重要。期待能带给我们生活上的挑战，让生活变得有趣、有活力。有了期待，我们也会产生很大的动力。期待有三种：对自己的期待，对他人的期待，他人对自己的期待。生活中，我们每天都有很多期待，只是很多期待来自潜意识，所以我们并没有意识到。这些来自潜意识的期待如果没有被满足，就会在不知不觉中消耗我们很多精神和能量来"接受""处理"它们。

对自己的期待

要评估对自己的期待：是不是能力所及，只要努力就可以达成？或者，这个期待非常重要，我们愿意为此付出更大的代价。

对他人的期待

人们常常会对他人有所期待，例如庆华小时候对妈妈的期待。成年后，我们同样会有很多对他人的期待，例如：期待孩子有好成绩，期待伴侣体贴，期待老板加薪……当自己的期待没被满足时，人们可能会产生怨恨，抱怨别人。其实，那是因为，在你心里，是别人在主导这个期待，是你自己削弱了自己的重要性，强化了别人的重要性，这不是一件好事。

这时，你可以释放对他人的期待。每个人都是独立的个体，别人不会为了满足你的期待放弃自己。与其把精力都放在别人身上，不如放弃这个期待，转而思考如何实现对自己的期待。

他人对自己的期待

他人对自己的期待有时很明确，例如父母希望你成为一个律师；有时别人没明说，但是你知道，例如父母一直提起别人家的孩子。我们猜测，父母这样做是希望自己像别人家的孩子一样，每次考试都考第一名。

　　上文提到，自己对他人的期待不一定会得到满足，同样，面对别人对自己的期待时，你也要衡量与考虑，如果超出能力却仍然接受，那就成了"讨好"的模式。

第七个层次：渴望

　　渴望是人类普遍存在的情绪，例如渴望被爱、被接纳、被尊重、被肯定、爱人、自由、有意义、有价值等。未被满足的期待与普遍存在的渴望是相互影响的，期待的底层是渴望。期待是具体的，具体到某一情境；渴望是抽象的，在不同情境中有不同的展现。例如：庆华期待妈妈和他一起玩拼图，他幼小的心灵会认为，妈妈肯放下手中忙碌的事情来陪他，就表示妈妈是爱他的。

　　然而，在生活中，我们没有那么容易发现自己的渴望，何况当时年纪还小，对自己的觉察也不够深刻，就更不容易了。于是，直到我们长大成人，未被满足的期待仍一直缠绕着我们。

　　了解了"期待的底层是渴望"的概念后，我们可以重新看待自己的期待，同时将这些期待与潜在的渴望联系起来，根据期待探索对应的渴望。这样做可以帮助我们，在当下以现实的方式满足内心的渴望，同时转化过去的经历带给我们的阴影，让我们在现在的生活中拥有更多新的选择。例如，成年的庆华意识到自己渴望拥有妈妈的爱，便明确地向妈妈表达："妈妈，我要到国外出差了，半年后才回来，我希望得到你的祝福，你在家也要好好照顾自己。"这种表达就属于一致性的沟通。

如何将期待与渴望进行联结？如何将期待底层的渴望探索出来呢？这里有一个可操作的方法，我们可以运用一个神奇的问句："这会为你带来什么好处？""这会为你带来什么更重要的东西？"

用这样的问句联结期待与渴望是一个很好的方法。比如，小锦早就考到了驾照，也曾找教练陪他练车，但考完驾照后就没再摸过车。退休后，她希望自己可以经常开车回老家看望妈妈（这是自己对自己的期待）。但她太久没开车了，很生疏。

我问小锦："自己开车去看妈妈这件事，会为你带来什么好处？"

小锦："我可以一边开车，一边哼着歌，亲眼看到妈妈好不好，而不是在电话里听着她和我说她很好，实际上她却已经感冒了。"

我："听起来，知道妈妈是否真的很好对你很重要。知道妈妈真实的情况是否很好，会为你带来什么更重要的东西？"

小锦："我会知道，我为妈妈做的事情是有意义的！"

我："你渴望自己做的事情是有意义的？"

小锦："对！"

我是这样带领小锦根据期待探索对应的渴望的。你也可以这样探索，自问自答，一边问，一边记下探索的历程。可以从具体的期待探索至抽象的渴望，比如被爱、被接纳、被尊重、被肯定、爱人、自由、有意义、有价值……这些都是渴望。

第八个层次：自我

像"我是谁"这样的自问，以及自我价值感、自我概念、自我形象、自我认同，都在"自我"这个层次。此外，"自我"也是个体存在的核心，与高层的大我联结、生命力、本质……相比，"自我"是冰山的最底层，是抽象、属于精神层次的。

自我环（自我曼陀罗）是萨提亚的核心概念之一（见图0-6），以八个圆环代表自我的八个资源。

萨提亚说："不论在世界的哪个角落，我从来不会问自己'是不是正在寻找某些我从未发现但普遍存在的东西'，从来不会！但是，我会寻找各种各样的变式，也总是知道什么是事物的核心。"萨提亚一直都知道，一个人的核心是"我是"，这个"我"代表每一个人，代表神圣而有尊严的自我。

"自我环"的八个圆环分别代表了个体普遍存在的资源。

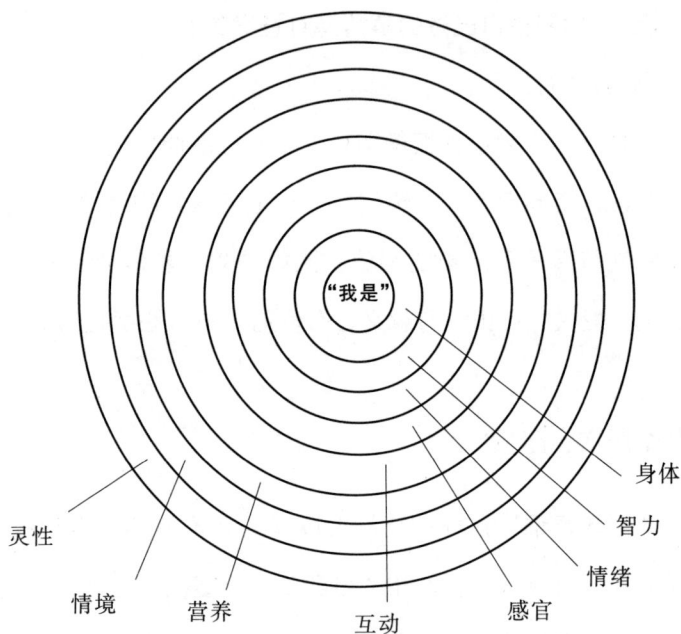

图 0-6   自我环

第一个圆环：身体。不论肤色、性别、信仰和文化背景，每一个"我"都居住在一座圣殿，即"我"生存的地方——身体。身体包括所有物理的部分。

第二个圆环：智力。"我"被配置了一个大脑来承载智力。这个圆环，指对思维、组织、逻辑的使用，以及大脑的情绪、创造力和感性的部分。

第三个圆环：情绪。每一个"我"都拥有情绪。

第四个圆环：感官。所有人类个体都拥有感觉，提到感觉通道，我们也许会想到眼睛、耳朵、嘴巴、鼻子、乳头、肚脐、生殖器和皮肤。人类的皮肤上有几百万个被称为毛孔的小孔，每一个小孔都能够接收和发送信息。

第五个圆环：互动。即"我—你"维度，用于交互作用。自从出生之后，人在这个世界上就不再是一个单纯的个体。我们身处各种关联中，"我—你"的交互总会存在。当女性的卵子和男性的精子结合，创造出一个新的自我时，一种交互作用，一个"我—你"事件也就发生了。

第六个圆环：营养。指我们身体吸收的所有液体和固体。

第七个圆环：情境。它通常总是存在于"现在"，包括空气，也包括光线、声音和某种空间，还包括特定时间、运动、颜色和温度。它是唯一一个让我们直接体验"此刻"的圆环。其他圆环都属于记忆或幻想。

第八个圆环：灵性。它是我们的生命力量，是一种普遍存在的力量，它让我们可以与其他人、与整个宇宙的能量联结。

萨提亚认为，这八个圆环的价值是同等的，它们彼此影响、联系和依赖。萨提亚建议，根据上述八个圆环分析任何行为或生理症状，包括个体针对以下各方面问题的表现。

- 他是如何生活的？（是不是像 25 个人挤在一间没有空气和色彩的黑暗屋子里一样生活？）
- 他吃些什么？

- 他和哪些人有联结？

- 他会去看哪些东西，从而激发出想象和梦想？

- 他对自己的感觉如何？

- 他的身体怎么样？（他为保养自己的身体做出了哪些努力？他是怎样与自己的身体联结的？他是否给自己设立了许多禁忌？他是否将自己的身体当作需要关怀、需要用心爱护、需要了解、需要爱和尊重的圣殿来对待的？）

- 他是如何思考的？（他是否只想找到"正确的方式"，他是否想要给自己一个使用创造力的机会？）

　　回答这些问题的过程也是一个发现的过程。当我们了解并接纳了自己所有的部分时，也就拥有了由这些部分通过交互作用产生的灵性。只要记住它们是互相联结的，就会使自己受益。

　　因此，当某件事发生时，我们可以问问自己有关那八个圆环的问题。比如，我有多么爱我自己，爱我的生命力量？我是如何吃饭、思考和感受的？我的身体在做些什么？我是怎样与其他人进行互动、交流的？

　　在自问自答的过程中，我们会发现自己所处的位置和表现。如果我们正在忽视、否认或拒绝任何一个圆环，那就表明我们很可能正在经受某种压力。这是一个挑战自我的机会，我们可以借此理解所有这些圆环之间的关系，重新看待自我、寻找自我、调整自我。

下面是探索自我冰山的问句，供大家参考。

一、行为（行动、故事内容）

1.发生了什么？

2.多说一点儿！

二、应对（沟通）

1.怎么应对这个状况？

2.我发现你这样应对……

三、感受

1.你现在感觉如何？

2.你对于……有什么感觉（感受）？

3.你怎样表达你的感觉（感受）？

4.你怎样处理你的感觉（感受）？

四、感受的感受

1.你是否接纳自己这样的感受？

2.对于这个感受，你觉得……

3.所以，长期以来，你用……方式对待自己……

4.你如何评价你的感受？

五、观点（信念、主观认识、立场、假设、认知）

1.在这件事情上，你觉得对方是一个什么样的人？

2.你对这件事情有什么看法？

3.你想到什么？

六、期待（对自己的期待、对他人的期待、他人对自己的期待、未被满足的期待）

1. 对于这件事情，你有什么期望？什么期待？

2. 关于自己或对方的……你有什么期待？

3. 别人对你的期待是……

七、渴望（被爱、被接纳、有意义的等）

1. 你发现自己有什么深层的渴望吗？

2. 谈到这里，我发现你渴望……是这样吗？

八、自我（生命力、精神、灵性、核心）

1. 你的生命力如何帮助你……

2. 你认为自己是一个什么样的人？这如何帮助你面对……

在超越原生家庭、活出自我的过程中，在需要与家人互动时，你可以先通过对这些问题的自问自答，试着梳理自己的想法，探索自己有关这件事情的内在经历。或在想起小时候的某件事，觉得委屈、不满、很受伤时，你也可以运用这些问句探索自己的内在冰山。当你能熟练地用这种方式探索自己的内在冰山后，你也可以试着探索对方的冰山。这样做不但可以让你理解自己，也可以让你理解对方。

例如，上文提到，有一次我背着妹妹去同学家玩，出门时妈妈说："把妹妹背好，别让她摔了。"那时，我心里想，"如果妹妹摔了，那说明我自己也摔了，为什么妈妈没有关心我？"虽然心里有这样的嘀咕，但我还是按原计划，背着妹妹去同学家玩。在这件事情上，我整理了自己的内在冰山，同时也试着站在妈妈的角度，整理妈妈的内在冰山（见表0-6）。

表0-6 我与妈妈的冰山层次

冰山层次	我的冰山	妈妈的冰山
行为	我听到妈妈说，不要把妹妹摔了	丽娃主动要背妹妹出去玩
感受	我不高兴	我担心孩子的安全
感受的感受	我不允许自己不高兴，对自己的不高兴感到羞愧	对担心感到害怕
观点	因为懂事的孩子不可以这样	丽娃很懂事，但毕竟是孩子，要多叮咛，她才会注意
期待	期待妈妈可以关心我	希望她们都可以平安
渴望	渴望被妈妈认同	她们都平安，我才可以安心
自我	忽略了自己的需求	多叮咛才是个称职的妈妈

这是一件过去发生的事情，我只能通过猜测梳理妈妈的冰山，梳理完之后，我发现妈妈之所以叮咛我不要把妹妹摔了，只是因为担心，并不像我小时候认为的那样——妈妈不关心我。这么一来，我心中的结就解开了，心结解开了，与妈妈的联结自然更深了。

了解了内在冰山的系统后，我们可以再来观察这本书与冰山系统的关联，以便大家练习时，心中有一幅冰山系统的图形作为对照，更好地理解我们与内在的关系。

第一部分

疗伤之旅的起点：探究原生家庭问题

第一章 重新审视原生家庭

第一节 原生家庭究竟如何影响我们

■　　■　　■　　■

- 本节概要 -

　　一、原生家庭影响我们的方方面面

　　二、觉察原生家庭的影响

　　三、觉察的方法

- 本节练习 -

　　不管是记忆中留有印象的经验，还是透过觉察挖掘出的经历，请将它们一一记录下来。在下面的分析中，这些记录都将成为自我成长的材料。

下面，我们将探索原生家庭带给你的影响，并协助你弱化那些不好的或你不喜欢的影响，让你变为健康又有活力的自己，并学会经营人际关系。

首先，我们来认识一下，自己身上究竟受到了原生家庭的哪些影响。

一、原生家庭影响我们的方方面面

原生家庭通常是指我们从小到大生活、成长的那个家庭，家里有我们自己、爸爸妈妈，有些人还有兄弟姐妹。它是我们的第一个家，也是我们一生的家。可是，这个家庭中不仅有温暖和关爱，也会有伤害。这些伤害就像埋藏在心里的一根根绵软的刺，让我们有苦说不出，对这个家又爱又恨。

比如，有些人总是被拿来和别人家的孩子比较，也听到过很多打击人的话，因此越来越没有自信；有些人小时候明明没有犯错，却被狠狠地惩罚，因此长大后对人际关系特别敏感，总是带着攻击性；有些人因为父母太忙而经常被忽视，或者因父母关系不好、总是吵架而缺乏安全感……这些伤害既让我们很受伤，又让我们很无奈。

那是不是我们长大了，这些伤就会自动愈合呢？绝不会！**如果我们不清理对父母的抱怨，那些伤痕会一直留在我们心**

里，最后转变成对自己的不满和嫌弃。原生家庭对我们的影响是方方面面的，你有没有觉察到你现在的生活中，有哪些问题来自原生家庭？

首先，它会影响我们的行为习惯。

其实我们的很多行为方式，都是在父母潜移默化的影响下形成的。比如，微信里有很多舍不得删除的信息，还收藏了很多链接，总想着一旦需要用时，可以很快在手机里找到，结果导致占用的内存过大，手机运行不畅！或者，喜欢囤积日常用品，心里有个声音总是在说，万一不够怎么办？又或者，你很喜欢买东西，不管买来的东西是否真的用得上，你都很享受这种购物的喜悦。

你有没有想过，这种囤积的习惯，有可能是小时候缺乏安全感引起的？可能小时候家里穷，或者父母总是表现出缺少什么东西的样子，又或者你想要什么他们不给你买，导致你的内心产生了匮乏感，需要不断填补。

当然，还有很多行为习惯与原生家庭有关，比如，抽烟、喝酒、玩手机、整理东西等。有这样一个笑话，一个小朋友上课经常抖腿，老师多次提醒他，他还是改不了，老师就把孩子爸爸叫到学校来。孩子爸爸很苦恼地说，"对啊，这孩子不知道从哪儿学的坏毛病"，同时不停地抖腿。老师一下子就知道了，这个孩子为什么经常抖腿。

你可以留意一下，自己有哪些行为习惯是深受父母的影响而产生的？你喜欢这些行为习惯吗？

其次，原生家庭还会塑造我们的性格。

我经常听到有人抱怨，说他不喜欢自己的性格，例如：犹豫不决，常常左右为难、瞻前顾后；或者害羞内向、不自信，并且因此错失很多机会；或者没耐心、容易冲动，经常出口伤人，然后又很后悔，甚至影响到事业上没有成就；等等。

住我家隔壁的那对夫妻脾气暴躁，常常吵架。在他们的女儿假期回家期间，吵架的人就变成一家三口，他们吵得很激烈，我常常听到邻居女儿摔门的声音。

你可以思考一下，你的哪些性格受到原生家庭的影响，并且让你觉得困扰？

再次，影响和伴侣的关系。

可能很多人都感受到了这一点。组建新的家庭后，我们常常会对伴侣有很多期待，而当伴侣无法满足这些期待时，我们就会很失望。明明想对他好一点儿，但是有时候就是会忍不住发脾气，甚至恶言相向，自己也不知道为什么。还有些人为了逃离原生家庭，仓促地选择了一个对象结婚，结果又陷入另一个旋涡，为了孩子维持婚姻，很难熬；要离婚，又困难重重，最后进退两难。

这里我想分享一个案例，一位太太和我抱怨，她的丈夫常常与她冷战，遇到不高兴的事情就持续一两周都板着脸。这种冷暴力让全家人都很难受。过年期间，回先生家去看公婆，她才发现原来先生的性格与公公一样。

回顾你和伴侣的相处，你想要改善的方面中有哪些方面是因为受到原生家庭的影响？

最后，不只是处理亲密关系的方式，你处理其他关系的方式，也会受到原生家庭的影响。

比如，看到别人有缺点就忍不住指责，不管是学生时代还是参加工作后，都很难交到知心朋友；总是顾虑别人，是人们口中的好人，自己疲惫不堪；和别人交流时，容易紧张，常常说不清楚自己真正想表达什么。

我有一个学员小郭，他对我说，他的心上了一把锁。小时候家里管得严，这让他即使上班了，每天下班也都直接回家，不敢和同事去其他地方，连一起去餐厅吃饭也不敢，他没有朋友，感觉特别孤单。

你可以反思一下，在人际交往中，你有没有遇到类似的状况？

二、觉察原生家庭的影响

觉察是改变的开始。觉察不是件容易的事，但它可以通过练习变得容易。看了前面的内容，也许现在你特别想知道：我该怎么觉察自己呢？

在讲觉察的方法之前，我先讲个案例，帮助你理解觉察的过程。我有一个叫小雷的学员，有一次公司领导找小雷谈话，小雷很紧张，心里想着："完了！完了！一定是业务上出了什么差错！看来我闯祸了，会不会被臭骂一顿？会不会被开除？"他满心满眼都是这样的猜测，因为害怕面对，所以他拖拖拉拉，不想见领导。直到不得已才硬着头皮到领导办公室。结果，领导只是和他沟通业务上一个项目的调整，而不是他想象中的责骂他。回到自己的办公位后，小雷开始思考，读书时怕老师，不敢和老师太靠近，工作了又怕领导，总是担心做错事。类似的事情不断发生，自己是怎么了？

小雷想到了父亲。他是在父亲的打骂中长大的，做错事了一定是先被打骂一顿，虽然很多时候他并不知道自己做错了什么。父亲下班回到家，会因为小雷没把外套放好这类小事大发雷霆，这让小雷的神经总是绷得很紧，一直小心翼翼。父亲打他时，他的肌肉总是绷得紧紧的，他从来没有放松过。他意识到，在老师或领导面前那种害怕、紧张的感觉，和小时候在父亲面前的感觉是一样的，他把这种害怕投射到了所有的权威人物身上，因此不敢和老师或领导亲近。同时，每个假期他都很纠结，要不要回去探望父亲。

父亲的打骂就是他心里那根绵软的刺，这根刺总是刺痛他，让他无法妥善处理与所有权威人物的关系。

这是小雷的觉察过程。小雷意识到自己是受父亲的影响才惧怕权威人物，他不会强迫自己不害怕领导，而是让自己用新的方法处理和父亲的关系。同时，努力释放身体里的紧绷感，这样他在领导面前自然更加从容。

三、觉察的方法

那么，怎么练习觉察呢？这要求我们在日常生活中养成反思的习惯，遇到事情时停下来想一想。

第一步：找到生活中让自己难受的状况（可以是行为，可以是由性格引起的，或是与人互动的关系模式），尤其是不断重复出现的状况。

第二步：为难受的状况命名。（可以是某种情绪、感受……）

第三步：找到让自己产生类似难受的状况的童年经历。

第四步：自我对话。告诉自己，现在我已经是成年人，已经很强大了，有能力应对类似状况。

我用下面这个例子，说明如何具体运用这四个步骤。

晚上 9 点了，小芬的先生还在加班，没有回家。小芬坐在客厅里，一边等，一边气呼呼地念叨："都什么时候了，还不回来！微信也不回，电话也不接，不知道会不会发生什么事？"

终于，先生回来了，一进门，小芬就气呼呼地一顿数落对方："你怎么回事！……"数落完后，不等先生回应，她又回到卧室，把房门一关，大哭了一场。被关在门外的先生一脸无辜，很是无奈。

痛哭后，小芬想，自己明明是关心先生，可是每次他加班晚归，她的反应都这么激烈，为什么会这样？这是第一步，找到重复出现、让自己难受的状况。

接下来，小芬想，等先生回家期间，她的情绪是怎样的？孤独无助。这是第二步，为难受的状况命名。

小芬开始回忆童年时期感觉孤单无助的经历。小时候，爸爸妈妈一起经营一个小面摊，常常忙到很晚才回家。她总是一个人在家里等爸爸妈妈回来，常常等着等着就睡着了。醒来时，外面经常是一片漆黑，她很孤单、很害怕。这是第三步，找到让自己产生类似难受的状况的童年经历。

想到这里，小芬做了三个深呼吸，她告诉自己："我现在已经是成年人，完全有能力应对晚上一个人在家的情况了。"这是第四步，自我对话。

于是，小芬花了很短的时间，舒缓了自己的情绪，打开房门去和先生沟通，告诉他自己的害怕与孤单。想象一下，夫妻二人坦诚地沟通，这是一幅多么温馨的画面啊。

为什么需要觉察呢？小时候的我们太过弱小，无法承担一些事实，不知道怎么应对这些经历。我们的内在会选择暂时隐藏这些记忆，等待适合的时候再来面对。当你觉察到时，就是我们需要面对的时候了。

看到这里，不知道你是否也被勾起了一些回忆呢？或者，你发现是某些行为习惯、性格、与人交流的模式阻碍了你的个人发展。觉察是改变的开始，思考生活中一些困扰我们的现象和童年经历的关联，透过觉察来发现源头。觉察原生家庭对自己的影响时，我们就可以用各种方法弱化这种影响，走向完整的人生。

第二节　如何化解卡在心口的委屈

■　　■　　■　　■

- 本节概要 -

一、提起原生家庭，情绪就卡在心口

二、记忆被压在深层，是因为小时候无法承担

三、纾解负面情绪的方法

- 本节练习 -

尝试用自由书写法纾解心中的委屈。

在第一节中，我们理解了原生家庭对自己的影响，也分享了觉察的方法。

你是不是也能回忆起一些童年往事，觉察到原生家庭对自己的影响呢？这个过程往往伴随着负面情绪的涌动，会让你感觉很难受，不想陷入这些痛苦的回忆。不过不用担心，下面我们就来讨论化解的方法，让你更好地陪伴自己。

一、提起原生家庭，情绪就卡在心口

当我们真的开始挖掘记忆，重新揭开童年时期受过的伤时，难免会产生一些负面的情绪，就像打开了潘多拉的魔盒一样。在希腊神话中，潘多拉打开了装满贪婪、虚伪、诽谤、嫉妒、痛苦的魔盒，结果从此痛苦弥漫人间。

当你回忆起童年的伤痛时，你会涌出哪些负向情绪？悲伤、气愤、无助、害怕、恐惧、委屈、厌恶……这些情绪会不会堵在你的胸口，让你非常难受……

我有一个学员小珍，回忆童年时，她想到的是，爸妈经常为一点儿小事吵架，吵架时总会向她出气。爸爸会因为一点儿小事打她耳光，比如吃饭时筷子没拿稳掉在桌上，或者走路时不小心踢到椅子……妈妈骂她时说的话非常恶毒，她说最后悔的事就是没在小珍出生时把她掐死，还说，都是因为她是个女孩，所以爸爸和妈妈感情不好。

回忆起这些往事，小珍感觉有满心委屈无从诉说。从小到大，小珍时常觉得胸口淤堵，她看过医生、做过检查，却一直没有查出身体上的原因，其实堵着她的就是她的委屈。

你回忆往事时，有没有勾起类似的负面情绪？身体有没有因为这些情绪而出现一些症状，比如偏头痛、胸闷、腰酸背痛等？为什么平时很正常，出现这些情绪时，身体症状就一个个地出现呢？

二、记忆被压在深层，是因为小时候无法承担

之所以会这样，是因为童年时我们太过弱小，不知道如何应对，也没有能力承担这些事情。于是，我们的内在就暂时将它们以记忆的方式隐藏起来，这是一种自我保护的机制。它们从表层潜入深层，深深地植入我们的内在。这些深层次记忆中夹杂很多负面情绪，它们被一起留在我们身体里。比如，小珍的委屈留在了胸口，所以她常常觉得胸口憋闷、淤堵。

每个人回忆这些往事时，都难免会陷入委屈、难过。**但我想说，能挖掘出这些埋藏得很深的记忆，本身就说明了一个问题：你已经有足够的能力面对这些负面情绪了。**

三、纾解负面情绪的方法

有些人因为压抑的情绪太多、时间太久，负面情绪突然汹涌地爆发，这甚至很有可能让他自己都被吓到。当然，不能任由这些涌上来的负面情绪淹没自己。所以，我们需要及时纾解这些情绪。

这里先提供一个容易操作的方法，而在后面的内容中，我们会介绍更多方法。

这个方法是自由书写法。

在被负面情绪困扰时，如果有时间，你可以拿一张纸把那些涌上心头的童年经历写下来。写的时候可以非常随意，想到什么就写什么。字写得好不好看，有没有语法错误，文笔是不是优美，这些全都不要管。连续不停地写十分钟，尽可能地把脑海中闪过的想法都写下来。

在使用这个方法时，小珍一开始脑袋一片空白，不知道要写什么，她就写下"空白，不知道写什么"，然后随着感觉写出了"倒霉""可怜""太讨厌了"等词。十分钟后，小珍结束自由书写，感觉真的变轻松了。看了自己在纸上写下的那些东西，她说，这些内容中有好多都是她平常不敢想的，似乎很陌生，但其实她知道，那些感觉一直都在她心里。

为什么这个方法有效呢？因为我们从小到大，或许被太多的"不应该""不可以""不能"的框架限制，这些框架框住了我们不被接受的念头、想法、感觉、情绪等。自由书写时，我们可以破除这些框架，它们不再起作用，于是那些平时不敢想的想法都冒出来了。

最后补充一点，自由书写法虽然可以有效纾解负面情绪，但它不是万能的，不能处理所有的心理创伤。**如果你遭受的是重大的心理创伤，这个方法又没办法帮助你纾解，请务必就近向心理咨询师寻求专业的帮助。**

第三节　当家人难以改变时，你该怎么办

■　■　■　■

‖‖

－ 本节概要 －

一、当家人难以改变时，我们总想逃避

二、用力抱紧自己

三、和自己保持一致后，再来关心家人

－ 本节练习 －

请在生活中多多练习这个和自己保持一致的方法，也多尝试用新的方式关心父母。

‖‖‖‖‖‖‖‖‖‖‖‖‖‖‖‖‖‖‖‖‖‖‖‖‖‖‖‖‖‖‖‖‖

虽然可能在原生家庭中受到过伤害，但我们通常仍对原生家庭有很深的感情。我们希望家人会改变，一家人其乐融融，这是多少人心中美好的愿望啊。但事实经常是，这确实只是美好的愿望。

下面我们聊一聊，当家人难以改变时，我们该怎么办？

一、当家人难以改变时，我们总想逃避

很多人会幻想家人改变，幻想拥有完美的家人。大部分人小时候听过的故事大结局都是圆满的，最终一家人也会过着快乐幸福的日子。然而，现实生活中不如你所愿的结局更多。**当家人没有按照你的理想改变时，你会感到很无力，非常失望，想彻底放弃，或已经习惯，变得麻木，选择忍受、逃离。**

有一个叫小英的学员讲过她的故事："父母一直都不太和睦，父亲没有稳定的工作，母亲是个要强的人，一辈子都在做小生意，却负债累累……我高中毕业那一年，他们离婚了，我从小到大一直活在他们会分开的恐惧中。我总是想成为他们喜欢的样子，懂事乖巧，不用人操心。知道他们要离婚时，我也努力过，我多么希望一家人可以和和美美地在一起！但是我失败了，只能用沉默对抗，我选择去外地工作，不再和他们联系，即便是过节时，我也不会和他们联系。我当作他们不存在，希望以此减轻自己的痛苦，从此我成为一个自私的人……"

很多人都会和小英一样，自感无力改变现状时，选择逃离或忍受。

二、用力抱紧自己

做了这样的选择，小英自己其实也很痛苦，那怎么办呢？

这么无力，这么无可奈何，该如何解脱？

小英从小习惯于外放能量，她用尽力气想要符合父母的期待，做一个乖乖女。我的建议是，这时候可以换个方向，把注意力转移到自己身上，把能力用于让自己变得更好。

我经常对那些有类似烦恼的人说："**改变不了别人，不如改变自己。**"也有人会很不服气地问："为什么要改变的人是我？"我说："你可以自己选择要不要改变！不改变，你就继续辛苦吧。……家庭是一个系统，即使你组建了属于自己的新家庭，也无法彻底脱离原生家庭的系统。**系统会随着家庭成员的变化而自动调节。我们自己改变了，家庭系统也会有变化。**"

一些人常说，小时候曾怀疑自己不是爸爸妈妈亲生的，然后想象着，亲生的爸爸妈妈找到自己，他们和蔼可亲，爱护家人，可以让自己幸福快乐地生活。看到这里，你是不是也想到，你也曾幻想爸爸妈妈可以改变？这些幻想很美好，就是不切实际。

面对这些问题，最有效的做法是把能量放回自己身上，当自己强大起来时，就可以用比较实际的眼光看待这些问题，你会意识到，父母亲也是人，他们有局限性，也有缺点。**你把他们作为父母亲的角色看得太重，相应地就会把自己看得太轻、太弱，于是会对父母亲提出更多要求，作为一个父亲，他该怎样，作为一个母亲，她该怎样。**而当自己变强大时，你就有足够的能力为家庭做些什么，而不是过多地要求别人！

三、和自己保持一致后，再来关心家人

现在我们已经知道，想要带动原生家庭发生改变，先要拥抱自己，让自己变得强大。现在，我们来谈谈怎样让自己变得强大。

1. 和自己保持一致

在与小英面对面进行交谈时，我是这么做的：**请她深呼吸，挺直脊柱，接触自己内在最深的需求、渴望、感觉、想法**……小英说，她发现自己最渴望的是平静。这也怪不得，小英会选择逃避。**我请小英再做一次深呼吸，告诉自己：是的，我想要的是平静**。做了这个简单的动作后，小英说，感觉好多了。

我告诉小英，在日常生活中，要常练习这个方法，接触自己的需求、渴望、感觉、想法……尤其要接纳自己的感觉。这个方法可以让你越来越靠近自己，越来越有力量，越来越有底气。你自己变得更有力量后，就可以把能量放回关心父母上。

这就是萨提亚提倡的"和自己保持一致性"。经常在生活中这么做，可以很好地调和自己与自己的关系。当自己的能量足够强大时，你就可以关心父母。请注意，这里说的是关心父

母，而不是改变父母。上文已经提到，要接受父母也是人，他们有自己的局限性和缺点。我们要与他们"人"的部分相遇，而不是与他们作为父亲或母亲的角色相遇。这是萨提亚的核心治疗信念之一，也就是说：把父母当作普通人，而不是把父母的角色理想化。

当你开始关心父母亲时，你和他们的关系一定会有所改善。

2. 关心父母

那么，我们该如何关心父母亲呢？可以从日常生活开始，关心他们的衣、食、住、行。例如，打电话问候他们有没有按时吃饭、吃了什么？或者和他们聊一聊天气，聊天气时，顺势聊一聊穿衣服等。

除了嘘寒问暖，还可以和父母聊他们擅长的事。例如，有一段时间，我租了一小块地种菜，因为没经验，就经常给我妈打电话请教。一讲起什么季节种什么菜，怎么浇水，我妈总是神采奕奕。我们也可以打电话问问自己小时候的事情。例如：在哪里出生？出生时有谁在旁边？对于自己的出生，爷爷奶奶是什么反应……

很多人不喜欢和父母联络，因为怕被催婚，怕听到父母没完没了的抱怨。遇到这种情况怎么办？我们来做一个小练习，看看会发生什么？

3. 现场练习

这个练习可以帮助你与自己达成一致，让自己有力量，请按照下面的步骤做。

首先把脊柱挺直，做几个深呼吸，吸气时气沉丹田，吐气时要从丹田把气吐出来。好，开始……持续保持这样的深呼吸，用鼻子吸气，嘴巴呼气……继续……

在轻柔缓慢地呼吸中，请你把注意力集中于意念，联结自己更深的内在。你联结到的可能是你的慈悲、柔软，也有可能是你的力量，更有可能是你的悲伤。接触到了内在更深的自己后，做一个深呼吸，用内在的声音告诉自己：是的，我有慈悲，我接纳自己的慈悲。或者，我有悲伤，我接纳自己的悲伤……

最后，请再做一次深呼吸，想象一下，自己可以做些什么来改善和家人的关系……这期间最好不要受外界干扰。持续大约一分钟后，请你活动身体，轻轻地张开眼睛，回到现实世界。体会一下，自己有什么感觉。

请在生活中多练习这个和自己保持一致的方法，也多尝试用新的方式关心父母。

第四节　如何放下心中沉甸甸的怨恨

■　■　■　■

－本节概要－

一、要化解心中的怨恨，真的很不容易

二、增加对父母的理解，有助于解开心结

三、深入理解父母的方法

－本节练习－

请大家多多练习，尽力还原父母的出生场景，并在生活中多换位思考，尝试多理解父母。

说到原生家庭带来的创伤，每个人或许多多少少都有一些感触。有一个学员这么说："创伤带来的痛苦没有好坏、对错、大小之分，它就只是存在，并时不时地冒出来让自己难过。"

第一节提到过，如果我们不清理对父母的抱怨，那些伤痕会一直留在我们心里，最后转变成对自己的不满、嫌弃。可是，清理对父母的抱怨又谈何容易？

一、要化解心中的怨恨，真的很不容易

一个叫美娜的学员有一件印象非常深刻的童年往事，她每每想起这件事都泪流满面。那年她六岁，弟弟四岁，爸爸妈妈离婚了。在约定好找爸爸拿生活费的那天，下起了大雪，妈妈生病了，让她到村口的大树下等爸爸。雪下得很大，她穿着厚厚的棉衣仍抵挡不住刺骨的寒气。

她带着弟弟在树下等爸爸，等了又等，等了又等，爸爸一直没来。天黑了，她只好带着弟弟回家，回到家后，妈妈对她又是一顿骂。妈妈说："你不知道吗？你爸就是一个不守信用的人，你还带着弟弟去受冻。"

美娜心里特别委屈，她之所以带弟弟去，是因为妈妈生病了，她怕弟弟吵到妈妈休息。可是，她没机会把这样的心思说出来。因为没有从爸爸那里拿到生活费，那段时间，一家三口的日子过得特别艰难。

于是，从六岁开始，美娜心里就埋下了对爸爸妈妈的怨恨，而且埋得很深，难以化解。当时的她不能理解为什么爸爸这么不负责任，为什么妈妈看不到自己的用心，也没有关心自己冷不冷。如今，美娜已经成年，但她一直不知道怎么自在地和异性相处，她也不敢走入婚姻，因为妈妈喋喋不休地诉苦让她无所适从，她觉得婚姻里都是不幸。

二、增加对父母的理解，有助于解开心结

我相信一些人会有像美娜这样的心结。因为伤太深太重，所以很难原谅父母。或者说，事情过去了那么久，都不知道应该怎么原谅。又因为不能彻底原谅和放下，所以觉得很内疚、很纠结。

美娜的朋友告诉她，原谅父母，其实就是原谅你自己。美娜试过，但她就是无法原谅，为此还被朋友痛批，说她是铁石心肠……这让美娜更难受了。我要说的是，**原谅是自然发生的，不是嘴上说说就能做到的，而真正的原谅从理解开始，想化解这种深深的怨恨，更需要从心里面深深理解父母。**

很多人可能会好奇，什么是从心里面深深理解父母？比如，在我小的时候，父母总是很忙，没有时间陪我。现在我能理解他们了，他们真的只是太忙了，不是不爱我。这算是深深的理解吗？小时候，父母对我特别严苛，我只要犯一点儿错就会被责罚，现在我能理解他们的望子成龙、望女成凤，这算是深深的理解吗？可为什么我心里还是很难受，那些过去的事还是会时不时地跳出来影响我？

我要说，这是一种理解，不过，是头脑提供的理解，不是从心里面深深的理解。当你这么宽慰自己时，心底会有别的声音冒出来：工作忙就可以忽视我吗？我和工作谁更重要？别人

的父母难道就不忙吗？对我期望高，就一定要用责罚的形式表现吗？为什么不能多鼓励我？其实，你身体里的委屈、愤怒，还是没有消散。

如果我们真正了解父母的童年，知道他们小时候遭遇了什么，就可以从心里理解他们：哦，原来他们真的已经竭尽全力在爱我们。萨提亚治疗理念提到，父母会不自觉地重复他们成长过程中熟悉的模式，即使他们也在那些模式中受过很多伤害。所以，其实在内心深处，他们也是受伤的孩子，只是他们不懂得如何跳出这个模式进行自我疗愈，让自己成长。

美娜后来从姑姑那里了解到，父亲小时候在各个亲戚家辗转暂住。爷爷每次都承诺：在这儿住几天，就带你回家。可是，爷爷没有信守承诺，他有时在亲戚家一住就是几个月。父亲十六岁就自己到镇上打工了。听了父亲的故事，美娜对父亲多了一些理解。原来父亲小时候就生活在这样的环境中，没有一个安稳的家，父亲一次又一次地不对美娜信守承诺，美娜没有从父亲那里学会如何经营婚姻。

美娜又想起，母亲常常提起，外公外婆忙于农活儿，她是大姐，还要照顾比她小的弟弟妹妹。到了上学的年纪，她也得带着弟弟妹妹去学校。老师不准弟弟妹妹进教室，母亲只好把弟弟妹妹放在教室外面，但她无法集中注意力，读了三天书，就读不下去了。从此，母亲不再读书，只做家务、照顾弟弟妹妹，再长大点后就打工赚钱，供弟弟妹妹读书。母亲为家里考虑了很多，为了减轻外公外婆的负担，宁可牺牲自己。可外婆根本不顾念母亲的牺牲，还常常嫌弃她"这个做得不好，那个做得不对"。所以，母亲一心想组建自己的家庭，想把它经营得温暖幸福。结果，和父亲结了婚，父亲一点儿也不关心家庭，母亲难以忍受，就和父亲离婚了。想到这里，美娜对母亲的怨恨也缓解了一些。

我在上文中说过，萨提亚治疗理念里提到，父母会不自觉地重复他们成长过程中熟悉的模式，即便他们在那些模式中受过很多伤害。你发现了吗？美娜的父母都在重复原生家庭的模式。而你的父母，很有可能也在重复他们成长过程中熟悉的模式。

三、深入理解父母的方法

原谅的起始点是理解，是从内心深处真正的理解。除了了解父母的童年遭遇，还有什么方法可以增加我们对父母的理解呢？

下面教你两个方法。

第一个方法，还原父母出生时的场景，并写下来。

关于父母的出生情况，你可能只知道日期和地点，你可以回想一下，结合你知道的细节简单地构成这个出生故事。你知道的信息可能并不完整，不过没关系，你可以用合理的想象填补故事的空白。

例如，美娜还原了母亲的出生场景。

1959 年 2 月，天气很冷，外婆即将生产，外公正在地里干农活儿。邻居跑到地里把外公叫回来。外公请来当地的产婆，妈妈出生了，外公听说是个女孩，一句话也没说，又回到地里接着干活儿去了。

听到这个故事，你有什么感觉？美娜知道，她的母亲和外公并不亲近。她想到，在母亲还是一个小女孩时，外公对她的嫌弃对她来说是多么大的伤害。在这样的家庭环境里，母亲怎么可能学会如何与男性相处。美娜觉得自己更加理解母亲了，她知道自己和母亲一样。

当然，美娜也还原了父亲的出生场景。

1955 年 11 月，父亲出生了，但奶奶营养不良，没奶水，身体又非常虚弱。从头到尾，爷爷脸上没有一丝笑容，其实他心里对父亲的出生很高兴，但一想到肩上的负担更重了，就高兴不起来。爷爷起身，拍了拍身上的灰尘，做了一个决定，实在养不起这个孩子，只能让他吃百家饭了。

美娜感受得到，那个年代的生活确实不易。一个生命的诞生本来很神圣，但贫困的现实让父亲有了漂泊的命运，这也是无可奈何的事情。

通过还原父亲和母亲出生的场景，美娜可以用更客观的眼光看待父母，心里也更释然了。在第三节我提到，**要接受父母也是人，他们有自己的局限性和缺点。我们要与他们"人"的部分相遇，而不是与他们作为父亲或母亲的角色相遇。这是萨提亚的核心治疗信念之一，也就是说：把父母当作普通人，而不是把父母的角色理想化。我们静下心来，还原一段父母出生时的场景，就是在与他们的"人"的部分相遇。**

第二个方法，换位思考。

美娜六岁时带着弟弟在大雪中等爸爸来送生活费。我请美娜闭上眼睛，回到六岁时的那个场景。简单回顾自己在那个场景中的体验、观点、感受……美娜说她感到很孤单、无助、害怕……她只想保护弟弟，也很牵挂生病在家的妈妈。

我请美娜做一个深呼吸，之后站在母亲的立场，体会母亲在那时会有怎样的想法、情绪、感受、观点。美娜说，母亲应该很着急，想着这两个孩子为什么去那么久。但看到美娜带着弟弟回到家时，她脱口而出的却是一顿大骂，好像是为那股着急的情绪找到了一个出口。

说到这里，我请美娜再做一个深呼吸，之后站在父亲的立场，把自己当作父亲，体会一下父亲会有怎样的想法、情绪、感受、观点。美娜说，父亲很可能因为没有钱，所以没有赴约，也有可能被大雪困住了。她记得，父亲还是很挂念自己和弟弟的。

　　此时，美娜对父母的理解又加深了一层。**是的，当我们把自己置于父母当时的角色，设身处地地体会他们的感受时，常常就能更深入地理解他们当时为什么会那么做。这样的理解能让我们更加释然，同时，发现自己只专注于自己当时的委屈、愤怒，被蒙住了双眼，忽略了父母曾有的很多爱护我们的举动。**

　　进行到这一步时，我其实不想追问美娜，她是不是原谅了父亲。上文中我已经说过，原谅是自然发生的。让美娜稍稍解开那个怨恨的心结，就已经不容易了。萨提亚家庭治疗也不要求一步到位，而是想达成"一次松一点儿，下次再松一点儿"的目标。

　　我也说过，**在原生家庭的问题上，好坏、对错都不重要，重要的是，那些客观发生的事情究竟在我们心里留下了怎样的痕迹，而我们可以怎么修复它并活出自己想要的样子。**理解、心结松动，都是修复过程中让自己变得更健康的方式。

　　这一节和大家分享了两个理解父母的方法。第一个方法是，用自己知道的信息并结合想象，尽可能还原父母出生时的场景并写下来，然后写出自己的感想。第二个方法是，换位思考，选取一件你想到的童年往事，尝试分别站在自己的角度、母亲的角度和父亲的角度来感受。

　　请大家多多练习，尽力还原父母的出生场景，并在生活中多换位思考，尝试多理解父母。

第五节　怎样才是面对原生家庭的正确态度

■　■　■　■

- 本节概要 -

　　一、剪不断、理还乱的原生家庭关系

　　二、界限清楚，责任归属清晰

- 本节练习 -

　　学会区分哪些责任属于自己，哪些责任不属于自己。

　　原生家庭还经常以另外一种方式影响我们：很多人目前为止依旧深陷父母的控制、管束或各种消极影响，没有真正和父母分离。

一、剪不断、理还乱的原生家庭关系

　　在现实生活中，没有真正和父母分离的现象很常见。比如我的学员佑琴，她的妈妈每次到她家，总会有诸多不满。比如说佑琴没收拾好屋子，家里乱七八糟，然后一边唠叨，一边开始忙前忙后，按她对整齐的标准收拾屋子。结果，妈妈走后，他们一家人常常找不到要用的东西。屋子虽然看起来整洁多了，但妈妈打乱了他们家原有的秩序。佑琴心情很复杂，她觉得自己好像很享受妈妈的照顾，但又不喜欢妈妈的管束，觉得妈妈侵犯了自己小家庭的空间。

再如，有些人对父母的生活方式很不满，常常叮嘱父母要倒掉吃剩的食物，可是父母常常不会这样做，而且会因子女想浪费食物而生气。又比如，有些人告诉父母要养成锻炼身体的习惯，可是父母还是一天到晚只看电视。这让子女很担心他们的健康，也很无奈。有个叫燕子的学员和我抱怨："我妈又住院了，告诉她不要再吃肉了，多吃蔬菜水果，可她总说青菜水果贵，肉好吃，这是哪儿来的道理！"

其实，这些都是没有和父母分离的表现。他们没能把自己和父母当成完全独立的个体，内心依旧希望父母按照自己的要求行事。

这种没有分离，还更多地体现在内心世界中。比如，佑琴是长女，有一个比她小四岁的妹妹。妹妹失业了，爸爸妈妈请佑琴帮妹妹找工作。可找到工作没做多久，妹妹又辞职了，爸爸妈妈便要佑琴再帮妹妹找工作。佑琴不胜其烦，她觉得自己为这个家做得够多了，她很忙，很想拒绝。但是爸爸妈妈一直催促、施压，这让佑琴很为难。

很多人都有类似的情况：即便已经结婚，和父母的关系仍旧剪不断、理还乱。你有没有感觉到这种纠缠？比如，父母对你的工作指手画脚，你知道，他们一点儿也不了解你的专业，但是你又很难说服他们不要干预。或者，每次回老家，父母都会准备很多你小时候爱吃的东西，但其实你现在已经不爱吃了，却又实在很难拒绝他们的好意。

很多人处理不好与父母的关系，便躲得远远的，避开父母。然而，空间上的距离再远，也都是表面上的，人们和父母的内心其实依然没有分离。实际上，越是刻意逃避，越说明他们很在意，被深深地困住了。

很多人被类似的状况困扰，面对父母时觉得很纠结。他们一方面渴望自己更强大，另一方面又一次次感觉自己太弱小。

二、界限清楚，责任归属清晰

我们又该用什么态度面对这些情况呢？

我的建议是，开始建立合理的界限，即相处的"分寸"，也就是"度"。合理的界限关键在于，家庭成员之间要互相尊重、互相包容，允许每个人在自己的事情上有独立的看法、立场、选择，不过分干涉他人的选择，也不接受其他人的过分干涉。

　　有些人表面看似想要独立，内心其实很难下定决心和父母分离。他们觉得，一家人就要亲近，不分你我，不然就"生分"了。如果和家人拉开距离，就会显得自己不够孝顺，太自私、太冷血。但其实，良好的关系一定是有界限的，有了合理的界限，一家人才可能拥有良好的互动。

　　那要怎么建立界限呢？**这有一个基础：分清楚什么是自己应该承担的责任，什么是自己不应该承担的责任。**

　　1. 勇于承担应该承担的责任

　　这一点可以从两方面来理解。首先，**对于自己必须承担的责任，不论是否愿意，都要勇敢地承担。**

　　比如，佑琴一边享受妈妈帮忙做家务，把家收拾得很整洁，一边又抱怨妈妈影响了自己的小家生活。这种态度就是不可取的。正确的态度是：决定不让母亲插手这个小家的家务。这就是建立了界限。做了这个决定后，你就要为这个决定负责，要承担起做家务的劳累，并且不能责怪母亲不帮忙。

　　在和别人的互动中做出了选择，这也是在划定界限，是在表明别人不可以插手界限范围之内的事情，你要自己负责。并且，无论这个选择是"好"是"坏"，你都要为你的行为和感受负责，不要责怪别人。

　　思考一下，你是否会经常把自己不够好的一面，归咎于父母呢？比如说，婚姻经营得不好，就觉得都是因为父母没给你树立好的榜样；做事情畏首畏尾，太自卑，就觉得都是因为小时候父母经常否定你。总之，你不够好，这都是父母的错。

其实，很多人都在奉行"都是父母的错"的观念，这样多好，可以随时"甩锅"，落得一身轻松。但是，我们已经成年，不能还把自己当作弱小的孩子，要学会承担起自己的责任。过去原生家庭带给你的影响或许不是你的错。但如果你任由这种影响泛滥并不加以纠正，那就是你的错了。

2. 不过分承担不属于自己的责任

当然，还有一点也很重要，那就是有多少力气，就扛多少担子。要衡量自己的能力和精力，量力而行，不过多承担不属于你的责任。不要总觉得如果做不好，就是自己有问题。

比如，有一个来访者说，她结婚后和先生开了一家公司，按照父母的要求，把家里的三姑六婆、叔叔舅舅都安排在公司工作。表面上看起来，照顾了很多亲人，给足了父母面子。实际上，这样的公司管理起来困难重重，也让她开始怀疑自己的管理能力。

像这样该拒绝的时候不拒绝，就是在承担不属于自己的责任，这只会让自己身心俱疲，也必然会破坏亲人间的关系。

第二部分

自我新生：消除原生家庭的
负面影响

第二章 重新梳理情绪情感

第一节 你当下的情绪，有多少是来自过去的

■　■　■　■

||||||||||||||||||||||||||||||||||||||||||||||||||||||||||||||||||||||||||||||||||||||||||

- 本节概要 -

一、觉察当下情绪的来源很重要

二、厘清纠缠：觉察是发现与联结的过程

三、第一步：分辨是事实还是想象

四、第二步：回到此时此刻

- 本节练习 -

区分想象和事实，同时更多地让自己回到现在，让现在的自己应对现在遇到的事情。

||||||||||||||||||||||||||||||||||||||||||||||

在第一章中，我们探讨了原生家庭对我们的影响，以及该怎么重新面对它。接下来，让我们走向自我新生，修复家庭带来的消极影响。首先，我们来谈谈，当下的情绪有多少是来自过去的？请你分辨童年经历和你当下的处境，学会觉察自己的情绪状态，以便摆脱来自原生家庭的消极影响，活在当下。

一、觉察当下情绪的来源很重要

你有没有遇到这样的状况：明明是一件小事，却引发了你一连串的情绪反应，连你自己都觉得莫名其妙。事后回想这件事，隐约好像知道那个情绪的源头，又觉得源头好像不是很清晰。你有没有遇过这样的人，他经常发脾气，他的情绪按钮非常灵敏，一点儿很小的事情都能触发。比如，等电梯时，等得稍微久一点儿，他就会开始数落物业；假期买不到高铁票，他就会讽刺别人一顿。其实，这样发脾气对解决问题没有一点儿帮助，但他好像对此习以为常了。

有一个叫赵丽的学员说，节日到了，她想要问候父亲，但是刚拿起电话，不知道为什么，一股烦躁的情绪就涌了上来，于是她很快又放下了电话。可是，放下电话后，她又开始纠结，觉得自己应该打个电话问候父亲。就这样，反反复复，矛盾纠结。直到假日结束，当她投入到工作中，被工作淹没时，她才感觉稍微舒服了一点儿。这样的状况不是第一次发生，而是周而复始地不断重演。

在第一章的第一节我们说过，原生家庭会影响我们的行为习惯，像这样遇到不顺心的事情的情况，很容易激起我们的某些情绪，上文的例子就是情绪的表现之一。很多时候，当事人自己也不知道到底发生了什么。

其实，当你无法为自己当下的情绪找到合理的理由时，那这股情绪往往就夹杂着过去的痕迹。也就是说，它可能有很大一部分是来自过去被压抑的情绪，只是此时借助当下这件事爆发了。

萨提亚有一个核心概念，即"厘清纠缠"。意思是，让我们分辨清楚，**现在我们感受到的、认为正在发生的事情，究竟是现在发生的事实，还是我们基于过去引发的想象。如果能分辨这两者，我们就可以更好地管理自己。**

二、厘清纠缠：觉察是发现与联结的过程

现在，我们来梳理自己的情绪来源。比如，如果你一听到有人说话的声音很尖锐就觉得很不舒服。那么请你想一想，这种尖锐的声音让你想到了谁？当你发现，原来这种声音和小时候妈妈凶起来的声音一样时，你就会明白，此刻的不舒服是因

为，在潜意识里，过去你受到妈妈批评的记忆被唤醒了，和眼前这个声音尖锐的人可能并没多大关系。这样的觉察会让你获得更多自由。

简单来说，在心理学上，出现一种情况之后人们做出反应的过程，被称作刺激—反应联结。比如一个人说话的声音尖锐，就是刺激；我们感觉不舒服，就是反应。**从刺激到反应，看起来好像顺理成章，然而事实往往没有那么简单。觉察，就是寻找刺激和反应之间存在的中间过程。**小时候妈妈的责骂给你留下了心理阴影，让你的心里积存了恐惧和愤怒，所以你才不喜欢听到类似的声音，当你意识到这一点时，再次听到别人尖锐的声音，你可能就不会那么不舒服了。

你看，如果我们忽略了这个中间过程，就会形成自动化反应，这样我们就根本不知道到底发生了什么，只会觉得不太对劲儿。

再比如，小张一遇到对自己不利的事情，就立刻武装自己，先声夺人，以此捍卫自己。慢慢地，他变成了一个脾气暴躁的人，虽然后来他也意识到自己脾气不好，想改但却改不了。其实，遇到类似的事就自然而然地发脾气，这种刺激—反应联结源于最开始让他脾气暴躁的那件事，然而他忽略了这件事。

在第一章的第一节中，我们提到了"觉察是改变的开始"，也分享了觉察的四个步骤：（1）找到生活中让自己难受的状况；（2）为难受的状况命名；（3）找到让自己产生类似难受的情况的童年经历；（4）自我对话。下面，为了让大家能更好地理解，我将详细地阐述觉察的方式。

在自我成长的道路上，"觉察"就像一盏灯，可以照亮成长路上的坑洼和障碍物，让我们不必在黑暗中摸索，跌跌撞撞地撞破头或看不见前路。 旅途可能依旧艰辛，但是这盏灯可以照亮近距离的障碍物和坑洼，也可以照亮我们的一小段前路。这就是觉察对我们的作用。

很多人的困惑是，我觉察到了，然后呢？我知道自己为什么会这样了，然后呢？我该怎么改变？其实，觉察到时，你自然而然就会做出不同的选择，改变也自然就会发生。

三、第一步：分辨是事实还是想象

为了厘清现在和过去的纠缠，我们需要区分什么是事实，什么是想象。

以赵丽为例，她一拿起电话就很烦躁，这种现象在她读高中时就埋下了苗头。她高中时在外地读书，为什么选择到外地读书，赵丽心里很清楚，就是为了远离原生家庭。除了寒暑假回家，通常她和父亲的联系就是打电话。而且为了减少摩擦，她只有在向父亲要钱时才会打电话。因此父亲接起电话时总是抱怨连连，这让赵丽很烦躁。因此，直到大学毕业后找到工作，她都很少给家里打电话问候父亲。

我问赵丽："当你拿起电话，心生烦躁时，你心里想的是什么？"赵丽说："就是父亲会开始指责我，批评我。"我说："这种想法可能受到了以前经验的影响，是自动化的反应。你需要分辨一下，接通电话后，父亲的批评与指责究竟是你的想象还是事实？"赵丽说："是想象。"我说："是的，是想象。你和父亲之间的关系被你的想象阻隔了。如果你能区分想象和事实，你就有机会从自动化的反应调整为有意识、有觉知、有选择的反应。"

有些人会疑惑，现实中父亲就是会责备自己，在自己的身上，这并不是想象，而是事实。请想一想，赵丽因为害怕父亲的责备不敢打电话，一个父亲会不会因为儿女长期不联系而生气？结果，这种想象带来的害怕让想象变成事实，也让人迎来了想象中的责备。

四、第二步：回到此时此刻

分清事实和想象、找到情绪的来源后，接下来就要回到此时此刻。

在萨提亚本人的心理学课堂上曾有一个案例，案例主角哭得很伤心，说觉得很孤单、很悲伤。萨提亚问："这份孤单、悲伤从哪里来？"主角说："从小就有，刚刚又想起来了。"萨提亚请这个人做一个深呼吸，然后看看四周，看看一起学习的伙伴。那个人慢慢地环顾四周，伙伴们都对他投以鼓励的眼神。之后，萨提亚问他："现在感觉如何？"主角说："感觉得到了很多支持，挺好的。"

在觉察到被童年经历影响时，我们就需要回到此时此刻，这样才能有力量地重新面对这个问题。如何才能回到此时此刻呢？一个很简单的方法就是做一个深呼吸，并告诉自己："是的，我在，我在这里。"反复几次。这个方法通常可以帮助你回到此时此刻，然后让现在的自己应对现在正经历的事情，这样我们在刺激和反应之间就有了一个新的选择，可以把自动化的反应，转化成有意识、有觉知的反应。

选择会让我们有力量，我们的生活不再被自动化的反应牵着走，表示我们当下的情绪越来越不受过去经历的影响。我们的生活会更自由，身心会更健康。

讲到这里，不知道你有没有想起自己的一些经历？请你务必区分想象和事实，同时更多地让自己回到现在，让现在的自己应对现在正经历的事情。

第二节　疗愈童年创伤，找回丢失的自己

■　　■　　■　　■

- 本节概要 -

一、童年创伤影响现在的生活

二、因童年创伤而把年幼的自己隔离在外

三、让长大的自己来安抚内在受伤的小孩

- 本节练习 -

想到童年时期受到的伤害，你可能会感到委屈、害怕、恐惧、愤怒……请练习使用本节分享的方法，把遗落的自己带回来，并写下自己的感受。

看到这里，你可能也回想起了一些童年记忆中的伤痛事件，还有那时的委屈、害怕、恐惧、愤怒……让我们学习一些方法，更好地面对它们。

一、童年创伤影响现在的生活

我们先来看一个故事。我有一个名叫小陈的学员，他记得，小时候在一个漆黑的夜里，因为他吃晚饭时不小心打破了一个碗，被爸爸关进了家里的仓库。不管他如何哀求、如何呼叫，爸爸就是不肯放他出去。那年才五岁的他在那个堆满杂物、窗外黑影幢幢的仓库待了一个晚上，其间他的内心充满担忧和恐惧。直到第二天清晨，爷爷才偷偷地把他放出来……在这之后，这样的事经常发生，只要小陈做错事情，爸爸就会把他关进仓库。因为童年时期积累的恐惧，成年后他依然怕黑、怕暗，还经常为此被取笑。因为怕黑，他不敢在晚上工作，遇到晚上需要应酬时，他总觉得压力很大。很多同事都说，你这么大的人了，还怕黑！城市的夜晚灯火通明，你真是矫情！这样怎么拓展业务！

小陈知道，他这么怕黑是因为童年的阴影，他也想克服。但是即使他很努力地用意志力克服，依旧无济于事。每次加班或晚上有应酬，他都只能强忍对黑暗的恐惧工作，过后也总要消耗一些时间与力气才能恢复！

像小陈这样，有具体的童年记忆，也知道恐惧的来源，却不知道怎么办的情况，有没有让你想到自己的困惑？你是否明知道自己的委屈、恐惧、担忧或愤怒与小时候的经历息息相关，却不知道怎么办？

二、因童年创伤而把年幼的自己隔离在外

遇到不知如何应对的事情时，我们会把经历这件事情的自己往外推，让自己远离它们，以此保护年幼又容易受伤的自己。就像怕黑的小陈，他把童年那个怕黑的自己隔离了出去，但这也让他无法随着自身的成长、成熟而学会如何处理对黑暗的恐惧。长大成人后，这个被隔离出去的小孩仍然无法很好地应对让自己恐惧的事情，因此小陈排斥加班和任何夜晚的活动。

小时候，我们需要被爱、被称赞、被保护、被拥抱、被认可、被理解、被接纳等，当这些需求没有得到满足时，年幼的自己因为无法消化、无法正向应对，所以选择隔离缺失的这部分自己，因此这部分的自己自然不会随着年龄的增长而成长。

避免受到伤害是人的本能。而年幼时，把这部分的自己隔离在身体外面，是我们知道的最好的自我保护方式。然而，成年之后，这样的隔离就会成为阻碍。

那么，认识到这个带着伤痕的小孩没有长大时，我们应该怎么办呢？下面让我们以小芳的故事为例，一起学习如何引导那个被隔离在外的自己回家。

三、让长大的自己来安抚内在受伤的小孩

　　小芳上小学三年级时，一天晚上，爸爸妈妈吵架吵得很凶。爸爸气鼓鼓地大声问她和哥哥："你们要跟爸爸还是跟妈妈？"小芳和哥哥都紧闭着嘴巴不敢回答。看到他们这样，爸爸更生气了，他快速拿起两条大布巾，胡乱塞了几件衣服，绑成两个小包袱，塞进小芳和哥哥的手里，粗暴地把他们推出门外。然后"嘭"的一声，把门关上了。小芳和哥哥被关在门外，不知道过了多久，隔壁的曾妈妈把门打开，把他们推进屋里，说了一句："傻孩子。"

　　小芳说，她不理解，为什么不回答要跟谁，就要被推出门外？和哥哥站在门外马路边时，她心里非常害怕，觉得很孤单，不知道可以找谁帮忙。她很希望爸爸或妈妈打开门，把他们带进屋，但等了很久也没等到。因为有这样的经历，所以小芳在人际互动中总是很担心被抛弃，在团体中总是留意老师和领导的指示，担心因哪件事没做好而被同学或者老师抛弃、被领导嫌弃。即使参加旅游团，她也会战战兢兢地听导游指示，有时宁可减少游玩的时间，也要提早到达集合地点。

　　现在我用引导小芳与小陈的方式引导大家，把那个被隔离的自己带回家。如果你有同样的困扰，希望你也按照引导做。**这个把自己带回家的引导过程大约需要七分钟，请确保所处的**

环境是安静而不受干扰的。请你回想自己具体的童年创伤，比如小芳被爸爸推到门外，或小陈被关在仓库这样的事例。

首先，请做几个深呼吸，吸气，呼气。吸气时，让空气沉到丹田；呼气时，把沉到丹田的空气慢慢吐出去。吸气，呼气，吸气，呼气……

现在，你的脑海中出现有关那段经历的画面了吗？那时候你几岁？看一看那时候自己的样子，听一听那些声音……体会当时的感觉，你感觉到了什么？身体有什么感觉？心情怎么样？

这时，请做一个深呼吸，并回到现在。你是一个成年人了，你拥有了很多能力，也积累了很多经验，更掌握了很多资源。让拥有这些的自己和那个小小的自己对话，告诉他："我很心疼你在这么小的年纪就要承受这些创伤。"

那个小小的自己会回应你，请你仔细地听他的心声、他的心情、他的感受……听到他的回应后，你再对他进行一些回应……并和他说，你理解他的心情，认同他的想法，你最懂他。

继续对话。

当小小的自己得到了安抚、接纳和理解后，再邀请那个小小的自己靠近现在已长大的自己。长大的自己可以张开双臂，想象着将小小的自己拥入怀中。这时如果你身边有抱枕，用抱枕代替那个小小的自己，把他抱在怀里，用自己的温度温暖他，用自己的爱滋养他……等到小小的自己觉得很安全时，请你用肯定的眼神，和那个小小的自己对视。

接着，在想象中把那个小小的自己缩小，要缩得很小，小到可以放在手掌心。用手掌心托起那个小小的自己，慢慢地贴近胸口，轻轻送进自己的身体，让他和你融合在一起。当他需要你时，你就在他身边；当你需要他时，他也在你身边。

小小的自己有了长大的自己的陪伴，就再也不会孤单。这时，请专注于自己的呼吸，每呼吸一次就让小小的自己长大一岁，慢慢地长大，长到现在的年纪。至此，我们已经把那个被排除在外的小小的自己找了回来，带回了家。现在，请动一动身体，慢慢睁开眼睛让自己回来，回到当下。

完成这个练习后，不知道你感觉如何？有没有产生轻松和踏实的感觉？**童年的委屈、恐惧、愤怒，都得到了理解和安放，长大的自己和小小的自己携手同行，童年那个受伤的自己也不再孤单。**

一开始练习这个把自己带回家的方式，可能需要跟随引导，熟悉了之后，你可以根据自己的时间，运用简易版的说明，自己来做。

简易版的步骤如下。

（1）回想当初自己的状态，觉察那时的情绪。

（2）请现在的自己带着资源（长大的自己拥有更多的能力和经验）与那时的自己对话。

（3）邀请那时的自己靠近现在的自己。

（4）现在的自己张开双臂迎接和拥抱那时的自己（如果有抱枕，可以用来代替那时的自己），用怀抱和爱来温暖与滋养那时的自己。

（5）用肯定的眼神与那时的自己对视。

（6）缩小那时的自己，把他放在手心，慢慢送进自己胸口。

（7）随着呼吸，让那时的自己慢慢长到现在的年纪，与现在的自己融合，成为新的自己。

（8）动一动身体，慢慢睁开眼睛，让自己回来，回到这里。

想到童年时期受到的伤害，你可能会感到委屈、害怕、恐惧、愤怒……请练习使用本节分享的方法，把遗落的自己带回来，并写下自己的感受。

第三节　寻找安全出口，释放压抑的情绪

■　■　■　■

- 本节概要 -

一、在脑海中回放过去的记忆，会影响现在的生活

二、感官经验元素构成了我们的记忆

三、改变感官经验元素方法一：电影音乐

四、改变感官经验元素方法二：改变画框与画面

- 本节练习 -

尝试用本节中的两个方法，对童年的创伤进行自我疗愈。

在这一节中，我们继续分享几个疗愈童年创伤的方法。我们掌握的方法越多，我们"百宝箱"里的法宝也就越多，这样，不管遇到什么样的童年创伤，都能轻松拿出合适的方法。

一、在脑海中回放过去的记忆，会影响现在的生活

有一个叫汪汪的学员，她经常和妈妈吵架。有一次，她

又和妈妈吵架。妈妈说，最后悔的事就是把她生出来时没把她掐死，说汪汪是败类，不管到哪里都是不入流的……被自己的妈妈这样说，汪汪伤透了心。她想起小时候，有一次妈妈下班后，怒气冲冲地回到家，看到汪汪在院子里玩，立马拉着她往河边走。妈妈一边走一边骂，骂她没有用，骂她多余，要把汪汪丢到河里。汪汪拼命挣扎反抗，紧紧拉住河边的一根小树枝。幸好，村里的一位大妈在河边洗东西，汪汪这才得救。说到这里，汪汪心跳加速，仍心有余悸。在她的脑海里，妈妈的声音、混浊的河水、湍急的水流声、被拽得很疼的手……都像电影一样，循环播放……

　　小时候发生的这件事深深地影响了她和妈妈的关系，她感觉妈妈对她的厌恶一直有增无减，这种感觉也深深影响了她的生活。她不愿意和与妈妈同年龄的人打交道，也不愿意理会和妈妈身材差不多的人……这可怎么办？她不仅无法和妈妈相处，好像也把一群和妈妈有相似之处的人都放在了敌对位置。这让汪汪很烦恼，她知道这样是不正常的，却无可奈何。

二、感官经验元素构成了我们的记忆

　　某些记忆由于过于激烈，很容易在脑海中留下影像，每当想起，它们就像电影一样，在脑海中一幕幕地播放。这是因为我们用眼睛看、耳朵听、身体感觉、鼻子闻、嘴巴尝……这些视觉、听觉、触觉、嗅觉、味觉等感官经验元素吸收了外界信息，在我们的脑海里构成了记忆。

我们的记忆都由这些感官经验元素组成。当我们回忆某件事时，我们的脑海中会浮现场景里的画面、声音、感觉甚至空气中的气味等。每个人组织这些感官经验元素的方式都是独特的。如果我们运用想象力，有意识地调节这些感官经验元素，就能改变记忆中的事件对我们的影响。

就像在汪汪的记忆中，妈妈的脸和声音、混浊的河水、湍急的水流声、被拽得很疼的手……这些画面、声音等感觉经验元素与汪汪的恐惧紧紧地结合在一起。

我请汪汪把小时候妈妈要把她淹死在河里的经历，像播放电影一样在脑海里播放一遍，同时请她配上一段不搭配的音乐，可以是听不懂的京剧，也可以是特别欢快的动漫音乐……总之，就是要听起来很奇怪、很不协调的音乐。尝试为这段记忆搭配几种不同的音乐，每搭配完一段就停下来，感受一下恐惧的程度是否有所降低。试过几段不同的音乐后，选出不协调感最强烈的音乐，用这段音乐在脑海中播放记忆。

前面提到过，记忆是由视觉、听觉等感官经验元素组成的。在想象中，为记忆中的画面配上不协调的音乐，等于打破了感官经验元素之前的组合，其恐惧的程度也就随着降低了。

汪汪跟随引导实践了这个方法后，说觉得很神奇，觉得自己深层的恐惧减缓了很多。汪汪问，面对妈妈说后悔没在她出生时就把她掐死这件事，能不能也用这个方法。我说，当然可以。记忆中的创伤事件都可以通过加上一些其他的感官经验元素进行调节，并改变原有的记忆事件对我们的影响。加上音乐只是方法之一，还有一种方法是改变记忆中的画面。

少强是我的一个来访者。他说，自己小时候很调皮，有一次想要从高高的柜子上抓一把糖果分给邻居家的孩子，但一不小心把柜子上的玻璃罐碰倒了，手被划破还流血了。爸爸抓起鸡毛掸子很用力地打他，一边打一边骂："让你调皮，打死你！让你调皮，打死你！"少强很伤心，在他的童年中，这样的打骂经常发生，所以他和爸爸一直不是很亲近。

我引导少强对这段"记忆电影"使用搭配不协调音乐的方法。他说，是有效果，但是自己流血之后没有被包扎还挨了打的画面，仍旧很清晰。

于是，我又请少强为那个画面配上相框，什么样式的相框都可以，并打上一束灯光。我再请他把这幅画面转化成更富有艺术感的画面，可以是某位摄影家的摄影作品，也可以是某位画家的油画作品。然后，我请少强再次回想流血还被打的画面。他说，感觉好多了。

少强被打的记忆主要由视觉经验元素构成，当他改变了记忆中的画面时，原来的视觉经验元素组合也被打破了，他对爸爸的怨恨也就随着改变了。

　　看完这两个案例，请大家自己实际操作一遍。下面具体阐述如何完成这个练习。这个练习共分成两段，第一段是电影音乐，第二段是改变画框与画面。它也是改变感官经验的两个方法。

三、改变感官经验元素方法一：电影音乐

　　这个练习大约需要三分钟，请选择一个安静且可以独处的环境。

　　请在回忆中选取一段有具体情境的记忆，比如：妈妈指责你学习成绩没有邻居家的小孩好，说你什么都不如别人；当你向沉迷于赌博的父亲要新学期的学费时，他狠狠地拒绝了你，还说读书有什么用；等等。

　　想到这些具体的情景时，留意出现在你大脑中的图像和声音，你可以像观看电影一样，让这件事呈现在你面前。完成之后，留意一下你的情绪如何？

　　现在，请做一个深呼吸，之后选择一段和这份情绪不那么匹配的"背景音乐"。比如，你的记忆可能是严肃而沉重的，那么就选择轻松愉快的音乐，例如马戏音乐或者动画音乐。有

些人会选择欢快的舞蹈音乐，有些人喜欢富有戏剧性的古典乐或歌剧，还有些人喜欢儿歌。

选择好音乐后，重放这段"记忆电影"，调大所选音乐的音量，让欢快的音乐在脑海中大声播放。让音乐搭配记忆从头到尾地在脑海中播放完后，如果仍觉得难以摆脱原有的情绪，请尝试为你的"电影"换一段反差更大的音乐，再播放一遍，直到找到最能缓解自己情绪的音乐为止。

现在，在没有搭配音乐的情况下，再次从头回放电影，注意自己的反应，留意情绪的变化。回放完后，轻轻睁开眼睛，回到现实世界，并写下自己的情绪和感受变化。

四、改变感官经验元素方法二：改变画框与画面

接下来是第二段练习，这段练习大约需要五分钟，同样需要选择一个安静且可以独处的环境。

请回想一段令你感到伤痛的童年经历，并且像看电影一样，快速浏览记忆中的这件事。然后就像在电影中截取一张相片或一幅画面一样、选取最能代表整段经历的瞬间。请注视这个画面，并像一个旁观者那样看向年幼的你，看他穿什么样的衣服、有什么样的表情，以及当时的情景。

在脑海中保留那张相片，想一想该为这张相片配上什么类

型的相框。方形的，圆形的，还是椭圆形的？相框会有多宽？什么颜色？什么材质？木材、铝合金、陶瓷或者其他材质？选定之后，给你选定的场景加上相框，再打上一束灯光，照向这张相片。

接下来，请运用想象力把相片转换得更富艺术感，让相片变为艺术相片或油画。比如看起来像某位摄影家的摄影作品，或者像某位画家的油画作品。现在，请你把这张相片和其他相片一起挂在心底的私人画廊里。然后，做一个深呼吸，花点时间清理你的内在。

现在，想到那个经常困扰你的事件，你的情绪可能已经发生了变化。如果还没有，重复这个练习，使用不同的相框和其他摄影或绘画风格，直到情绪的改变令你满意为止。

完成后，轻轻睁开眼睛，回到现实世界，并写下自己的情绪变化。

这一节和大家分享了两个疗愈童年创伤经历的方法，当你被这些经历困扰时，你可以尝试用这些方法减少内心的痛苦。

第四节　让内心的小孩长大，不再重蹈覆辙

■　■　■　■

- 本节概要 -

　　一、童年经历影响自我价值感

　　二、自我价值感决定人际互动的方式

　　三、提升自我价值感的方法

- 本节练习 -

　　你可以尝试多运用这个方法提升自我价值感，并观察自己的情况是否有所改善。

　　在这一节中，我想和大家分享如何提升自我价值感。学会提升自我价值感，可以让我们更有力量来面对原生家庭带来的影响。

一、童年经历影响自我价值感

　　让我们一起来看看美美的故事。原生家庭对她产生了什么

影响？美美的童年和青春期都充斥着妈妈的责骂。妈妈干活儿累了，回家就向孩子撒气："没人管教的东西，滚出去！我要打断你的腿！没出息……"

后来，美美结婚了，也生了孩子。有一次，妈妈给美美五个月大的孩子把尿，但是孩子不尿，妈妈就一边打孩子屁股一边说："你妈这么大的时候，不尿就打屁股，看你还敢不敢不听话！"

看到妈妈这样对待自己的孩子，美美很难过，想要和她说："孩子还小，不要这样打她。"但是她说不出口。同时，想到那时小小的自己也是被这样对待的，她也很难释然。现在，她一想到父母，就觉得很压抑，也担心自己会变得像父母一样暴躁。美美说："我已经尽力克制了，但现在，我的脾气越来越像他们，我真的非常担心我会变得像他们一样。"

美美的情况有没有让你想到些什么？你是不是也像美美这样，很担心自己的性格像父母一样，但是在不知不觉中，却真的越来越像他们？

小时候常常挨骂的人，会产生错误的自我认知，认为是因为自己不好，所以才被大人骂。年幼时经常被打的人，肌肉会习惯性地绷得很紧，这种肌肉紧张的状态会一直延续到成年。经常被打骂会让人的身心都陷入很深的痛苦，并且，通常人们为了规避这种痛苦，会隔绝自己的感觉。

其实，童年时，除了被打骂，父母的不管不顾、过度约束或其他不恰当的管教方式，都会对我们产生不良影响，并让我们形成很低的自我价值感。

二、自我价值感决定人际互动的方式

自我价值感决定了在和他人互动时，我们会采取什么行为，产生什么感受，它影响人际交往中发生的所有事情。

顺仔是一位来访者。他一直觉得自己不够好，在公司里，对于领导和同事的要求，他照单全收。他认为，只有无条件顺从，才能得到别人的认可。顺仔会形成这样人际互动方式，肯定和他的原生家庭有关。他的父母可能很严厉，他从小就被要求要顺从。顺仔的家人对他有诸多不满，觉得他不够努力、不够勤快、能力不足，这导致顺仔无法形成自我认同感，整个人一直是一副唯唯诺诺、垂头丧气的样子。

面对别人对自己提出的请求，有人会拒绝，有人会生气，或者在心里抱怨"真是倒霉"，而有些人会像顺仔一样，选择照单全收。为什么会这样？其实这是因为自我价值感影响了我们对事件的反应，自我价值感的影响往往比任何外在的事物都大。

既然自我价值感这么重要，那么该如何提升它呢？**提升自**

我价值感也是萨提亚的工作重点。她认为，提升自我价值感可以改善沟通情况，让一个人变得完整，请留意是"完整"而不是"完美"。什么是完整？完整是整体感，当一个人是一个完整的整体时，他是自信且懂得欣赏自己的。他可以成为自己的主人，为自己的言行举止负责，遇事会想办法解决，懂得分享感受，会通过沟通、澄清改善关系……看到这里，你有没有评估一下，你的自我价值感是高还是低？

美美不敢说出自己真正的想法，顺仔忽略自己，讨好别人，这些都是自我价值感较低的表现。此外，在前几节中，我们提到的容易发脾气、遇事只会抱怨，以及面对父母感觉很有压力，只想远远地逃开……也是自我价值感较低的表现。

如果你有以上几种表现，现在你一定很想知道如何提升自我价值感。接下来，我和大家分享几个提升自我价值感的方法。

三、提升自我价值感的方法

首先，请你想一件缠绕在心中、让你烦恼的事。然后找出接纳自己、欣赏自己、尊敬自己的三个要点，并分别用一个标志性的词语概括自己在这三个要点中的表现。

举个例子，我有个学员名叫思思，她刚刚高中毕业，想考进自己家附近的学校。在等成绩期间，她发现妈妈很容易生气，常常为了一点儿小事，比如思思找不到东西，责骂思思。妈妈的用词很伤人，比如，说思思一点儿用也没有、没良心、不孝顺……这期间，妈妈几乎每天都会骂思思。由此，思思陷入深深的自我怀疑，觉得自己一无是处，情绪总是很低落。

思思可以用如下做法提升自我价值感。

1. 接纳自己

思思感觉，自己常常因为一点儿小事被妈妈骂。这段时间，她的注意力主要集中于升学，没有更多的心力避免惹妈妈生气。对于这个状态，她想到的词是"限制"，然后她告诉自己："我接纳自己的限制。"

2. 欣赏自己

因为这段时间一直受到妈妈的责骂，思思陷入深深的自我怀疑，但是她并没有逃离家庭，而是选择面对。这个状态的标志性词语是"勇敢"，她告诉自己："我欣赏自己的勇敢。"

3. 尊敬自己

思思就是在这样的环境中长大的，如果在以后的生活中再次遇到类似的情况，那些伤害仍然会影响她，令她难过。但她又觉得这种难过好像不是那么难以面对，这表明她身上有一种珍贵的韧性，这种韧性足以让她觉得自己值得尊敬。"韧性"就是她这个状态的标志性词语，她完全可以告诉自己："我尊敬自己的韧性。"

为自己的状态找到三个标志性语词后，接下来，请跟随我的引导来进行这个提升自我价值感的练习。这个练习大约需要九分钟。请确保你所在的环境是安全、安静的，并且有足够的空间向前跨一步。

（1）**请做一个深呼吸，想象自己踏入了一个名为"接纳自己"的大泡泡。**踏入时，请和内在的自我说出接纳的标志性语词，让资源渗透你的内在……同时，向外围发射光线与声音（可以是音乐），让那个状态变得更强，然后对自己说："**我接纳自己，就像我接纳此时此刻的一切一样。**"此时，请你充分体会接纳自己的感受，让这种感觉贯穿全身，充分影响你。

（2）**请再做一个深呼吸，想象自己踏入了另一个名为"欣赏自己"的大泡泡。**踏入时，对内在的自我说出欣赏的标志性语词，让资源渗透你的内在……并向外围发射光线与声音（可以是音乐），让那个状态变得更强，然后对自己说："**我欣赏自己，就像我欣赏此时此刻的一切一样。**"此时，请你充分体会欣赏自己的感受，让这种感觉贯穿全身，充分影响你。

（3）**请再次做一个深呼吸，想象自己踏入另一个名为"尊敬自己"的大泡泡。**踏入时，对内在的自我说出尊敬的标志性语词，让资源渗透你的内在……并向外围发射光线与声音（可以是音乐），让那个状态变得更强，然后对自己说："**我非常尊**

敬我的生命、我的存在、我的自我。"此时，请你让自己充分体会尊敬自己的感受，让这种感觉贯穿全身，充分影响你。

（4）请再深呼吸一次，想象三个泡泡融合在一起，成为一个大泡泡，一个融合了接纳自己、欣赏自己与尊敬自己的，全新又有价值感的自我泡泡。请你踏入这个新的泡泡，去看、去听、去感受……告诉自己："我接纳自己、欣赏自己、尊敬自己。"

（5）这个时候，请你做一个深呼吸，想象需要这些资源的具体情境。以前，这个情境让你受伤、情绪低落，现在，请把这个情境带到未来，"面向未来"。在这个未来，你会拥有丰富的自我价值感，想象你在那里所能看到的……所能听到的……让新的、接纳的、欣赏的、尊敬的心理状态改善你对那个情境的反应。

你可以反复练习"面向未来"这个步骤，直到觉得安宁平和为止。

达到这个状态后，请你慢慢睁开眼睛，再回到这里。此时此刻，想象你正带着欣赏和期待观看自己的未来，期待改变自我价值感会使你的未来变得有多么不同。想象一下，未来你会如何克服以前觉得可怕的挑战，坚定在接下来的人生中继续接纳自己、欣赏自己、尊敬自己的决心。未来，你会主动做一些事来迎接挑战，期盼并掌握未来。

在这一节中，我向大家介绍了提升自我价值感的方法，当你因为过去的经历深感困扰时，你可以尝试用这样的方法应对，减少内心的痛苦。**你可以尝试多运用这个方法提升自我价值感，并观察自己的情况是否有所改善。**

第五节 释放身体压力，让改变更彻底

■ ■ ■ ■

- 本节概要 -

一、情绪与压力会累积在身体里

二、释放身体压力的方法

- 本节练习 -

在生活中，与身体对话法会让你和身体进行更深的联结。

在上文的阐述中，我们更关注感受、情绪，也分享了很多方法来处理受童年创伤影响的情绪。如果不处理这些情绪，任由它们累积在身体里，我们就依然会被它们影响、牵制。

上文我们说过，如果小时候经常挨打，肌肉就容易变得紧绷，这种肌肉紧绷的状态会一直延续到成年。而学会释放身体的压力，有助于活出全新的自我。所以，这一节中，我们来讨论如何释放身体的压力，让改变更彻底一些。

一、情绪与压力会累积在身体里

下面我想多举几个例子，来说明情绪对身体的影响。

嘉彦和碧玉是一对夫妻，他们都是独生子女，结婚后除了照顾自己的小家，他们还要关照两家老人的生活。两个原生家庭的行为习惯以及和伴侣的相处模式都很不同，夫妻俩觉得压力很大，身心俱疲。

碧玉常常感冒，头昏脑涨，食欲不振；嘉彦常常肩颈酸痛，胸口发闷。两人都去看过医生，都找不到病理上的原因，他们猜测可能是因为工作家庭两头顾，压力太大了。事实上，的确有这种可能。**如果心理因难以解决的问题而受困扰，身体通常也会有所表现**。

我在年轻时也有类似的经历。当爸爸妈妈一起来看我时，我常常会偏头疼。他们俩经常吵架，吵起来互不相让，没完没了，我夹在中间很难受。我知道，我偏头疼的毛病是由他们带来的压力引起的。

看到这两个例子，你想到什么了吗？是不是也有类似的体验？

身体和心理是息息相关、互相影响的。我们都知道，事情多、压力大、心情不好时，特别容易感冒，这是因为心理状态影响了身体的免疫系统，导致免疫系统无法正常发挥作用，所

以人就容易生病。

　　身体不舒服，看医生却找不出原因时，我们可以想想问题是不是出在心理方面。通常，没有被释放的压力都会留在身体里，身体通过不断发出信号，告诉我们应释放身体里的压力。

　　有一个很典型、很常见的情况，就是萨提亚沟通姿态提到的讨好型沟通姿态。这是一种不良的沟通姿态，以这种沟通姿态示人的人，会不顾自己的感受，对所有事情都采取顺从的态度。事实上，讨好的另一面是习惯性地压抑自己的愤怒。这会对身体造成压力，所以让我们学习一个释放身体压力的方法。

二、释放身体压力的方法

　　与身体对话法可以释放身体的压力。我就是通过引导嘉彦与他的身体对话，缓解他的肩颈酸痛。

　　我请他用一只手摸着肩颈酸痛的地方，并沉下心来，对酸痛的地方说："我知道你来了。谢谢你的到来。我很抱歉，长久以来和你接触得太少了，请问你想告诉我什么？"然后留意出现的影像、声音及其他感觉……再次感谢身体给出的珍贵信息。

　　引导结束后，嘉彦说："问完以后，我感觉肩颈的酸痛好像在说，它承担得太多了，太累了，需要休息。"之后，他接着说："我有个习惯，我对每件事情的要求都很高，力求做到完美。因此，不管家庭还是工作，都给我带来了很大的负担。看来，我的双肩已不堪重负，我是时候调节一下身体状态了。"

下面，请大家跟随我的引导与身体进行一次对话练习。这个练习大约需要两分钟，请确定这期间你有一个可以独处且安静的空间。

用一只手碰触要对话的部位，沉下心来，对那个部位说："我知道你来了。谢谢你的到来。很抱歉，长久以来和你接触得太少了，请问你想告诉我什么？"问完后，留意出现的影像、声音及其他感觉……感谢身体给出的珍贵信息。

简单地复习一次。

（1）接触：我知道你来了。

（2）谢谢：谢谢你的到来。

（3）抱歉：很抱歉，长久以来接触得太少了。

（4）请问你要告诉我什么？问完后，留意出现的影像，声音及其他感觉……

（5）感谢身体给出的珍贵信息。

与身体对话法会让你和身体进行更深的联结。学会在生活中运用这个方法，可以帮助你有效地放松身体。

第六节　重新认识父母，接纳自己的"爱恨交织"

■　■　■　■

- 本节概要 -

一、对父母"爱恨交织"

二、改变过去事件对我们的影响

三、给自己爱、给妈妈爱、给爸爸爱

- 本节练习 -

练习这一节中分享的方法，重新认识父母，放下内心的怨恨。

　　父母在原生家庭中扮演很重要的角色。一方面，为了养育儿女，父母会倾注很多心血，身为儿女，需要怀有感恩之心；但另一方面，父母往往意识不到，儿女，尤其是小时候的儿女，是有独立意志的人，因此双方难免会产生矛盾。于是，对于父母，儿女们常常会怀有"爱恨交织"的复杂感情。这一节，我们就来重新认识父母，接纳自己对父母复杂的感情。

一、对父母"爱恨交织"

谈起和父母的关系，一些人会用"相爱相杀"或"爱恨交织"来形容。无法"爱恨分明"似乎让人很纠结。比如，我的学员晓明，他说他的父亲是极度悲观的人，在生活中充满负能量，他抽烟、喝酒、打牌、熬夜……完全不在乎自己的健康，因此晓明很担心他。父亲独自在外地生活和工作，一周回一次家。父亲常常抱怨自己很孤独，没人关心他，因此晓明推测，就是因为不能每天都回家，父亲才会有很多负能量。每次父亲给晓明发微信，内容都是在骂晓明，可能他是在用各种谩骂释放负能量。尽管每次晓明都尽力安抚他，但完全没有用。

晓明每天都受到父亲无缘无故的谩骂，他的内心很煎熬，也很难受，他想要关心父亲，却不知道怎么开口。

二、改变过去事件对我们的影响

如果你也像晓明一样，面对父母的谩骂不知所措，你可以有意识地看淡这些谩骂，尝试理解父母。我在上文中讲过，接受父母也是人，有作为人的缺陷这一事实。**萨提亚家庭治疗的核心理念之一是：把父母当作普通人，而不是把父母的角色理想化。**

大家都知道，童年对我们有很深的影响。父母也有他们的

童年，很多时候，我们只是知道父母小时候的遭遇，并没有深入地和他们感同身受。

比如，我的一位来访者小芬是被外婆带大的，只有逢年过节时，她才能见到妈妈。有时候，外婆会和小芬讲妈妈小时候的事情。小芬知道，妈妈生在重男轻女观念很重的家庭，小时候经常被父母冷落，妈妈的需求总是被忽视。但即使知道这些，小芬还是不能理解，为什么妈妈不愿意多花些时间陪伴自己。

童年时期的陪伴缺失，让小芬觉得妈妈不爱她。现在，年近三十的小芬还是觉得妈妈不爱自己，她们的母女关系很冷淡。小芬说，自己长这么大从来不知道母爱是什么，从心底里恨妈妈，但又很想从母女关系的阴影中走出来。

萨提亚的家庭治疗还有一个很重要的理念："我们无法改变已经发生的事，但是可以改变那些事对我们的影响。"要怎样改变过去的事情对我们的影响呢？提升自我价值感是方式之一。用不同的方式重新认识父母、理解父母，也可以达到这样的效果。

我分别协助晓明和小芬实践了重新认识父母的方法，他们都觉得重新理解了父母后，更能接纳父母。

三、给自己爱、给妈妈爱、给爸爸爱

"给自己爱、给妈妈爱、给爸爸爱"的练习需要大约十分钟。请确保你所在的环境是安静而无干扰的。静静地坐着，闭上眼睛，深呼吸……在一呼一吸之间放松大脑和身体。

1. 给自己爱

想象你是一个五六岁的小孩……请你凝视着这个小孩的眼睛，看到他眼神中的渴求，你知道他在渴求什么，那就是爱。

伸出手臂，用爱和温柔紧紧地拥抱他，告诉他，你很爱他，很在乎他，很欣赏他，并对他说："你正在学习的过程中，所以犯了错也没有关系。"向他承诺，不管发生什么事，你都会永远陪着他。

现在，请把这小孩缩小，小到可以放在手掌心……请你把这个小孩贴近心的位置，把他放在那里，你低头去看他，他那小小的脸也抬起来望着你，你可以给他很多爱。

请做三次深呼吸。

2. 给妈妈爱

请把你的妈妈想象成一个四五岁的小女孩，想想她的童年是怎么度过的。有没有人和你说过妈妈小时候的事情，比如打碎了花瓶被关在漆黑的小房子里罚站，又比如因为贪玩惹怒了外婆……在这些时刻，平日里强大的妈妈变成了一个弱小的女

孩，她满心恐惧地寻找爱，却不知道去哪里找……请看着她的眼睛，与她的眼神接触。伸出双手拥抱这个小女孩，用爱和温柔紧紧地拥抱她，让她知道你很爱她，很在乎她；让她知道，她可以一直信任你，依靠你。

当她感觉到安全，安静下来后，你可以把她变小，当她小到可以放进你的心中时，把她和你自己的内在小孩放在一起，让他们彼此相爱。

这时候，请你再做三次深呼吸。

3. 给爸爸爱

现在，请把你的爸爸想象成一个三四岁的小男孩，想想他的童年是怎么度过的。有没有人和你讲过爸爸小时候的事情，比如在学校被同学欺负，回到家却被父母责骂"没用"；又比如，想多看一会儿电视，却被看作只知道玩的小孩打了一顿。他被吓坏了，害怕地哭着寻找爱，他不知所措，你看到他的泪水滑落到脸颊。

现在，你已经很清楚如何安抚受惊吓的小孩了。请你伸出手臂，拥抱这个颤抖的小身体，安慰他并低声为他吟唱催眠曲。让他感受到你对他的爱，感受到你会一直陪伴他。在你的陪伴下，他不再哭泣，当泪水已干，他小小的身体里充满爱和平静时，将他变小至可以放进你的心里并放在那里。这样，这三个小孩可以彼此给予爱，你也可以爱每一个人。

此刻，你心中的爱非常充盈，足以疗愈整个星球，但是，我们还是先用这个爱疗愈你自己，你会感觉自己心中正在升起一股暖流，温和而轻柔。

请你沐浴在这股爱的暖流中，试着改变你思考和说话的方式，试着改变你对父母的看法。父母也曾是小孩子，如果他们在童年时没有被他人用充分的爱对待，就很难学会如何爱自己的小孩。

完成后，请你轻轻睁开眼睛，慢慢回来，回到这里。

你是不是觉得这个练习和前面"把遗落的自己带回家"的练习有些相似？是的，因为有前面的基础，这次教大家用更简洁的方式，以爱和温暖把童年的自己和父母接回来，同时也让我们在潜意识里重新认识父母。

通过以上练习，不知道你有没有放下对父母的怨恨，变得轻松一点儿？如果有，你就可以在成长的路上轻装上阵；如果没有，你也不必担心，可以继续练习这一节中分享的方法，重新认识父母，放下内心的怨恨。

第三章　重新塑造性格心态

第一节　不喜欢父母的作为，如何保护自己不受父母影响

■　　■　　■　　■

－本节概要－

一、不喜欢父母的作为，又容易受父母影响

二、自我、他人、情境一致性沟通

三、保持内心想法和外在行为的一致性

－本节练习－

请在生活中多练习这节分享的两个方法，帮助自己走出父母的影响，走向新的自我。

在上一节中，我们讨论了如何重新认识父母，接纳自己对父母复杂的感情。我们渴望原生家庭的温暖，同时也很担心原生家庭的伤害和不良影响会通过自己得到延续。所以，这一节我要和大家讨论，如果你不喜欢父母的行为，怎么让自己不受他们的影响，并重点分享怎么做到两个一致性。

一、不喜欢父母的作为，又容易受父母影响

很多人和我聊过这样的话题，他们说，**每次对父母的言行深感不满时，都会在心里暗暗告诫自己："以后千万不要变成他们那样。"**

我的学员小王是家中最小的男孩，他前面有四个姐姐。为了让孩子们生活无忧，爸爸拼命工作。但爸爸是一个严肃的人，脾气很不好。小时候他看到爸爸凶妈妈、凶姐姐，总是吓得躲到桌子底下，不敢出声。他希望爸爸可以对他温柔一点儿，多花一点儿时间和他相处，但是爸爸常常对他视而不见。他暗暗对自己说，成家以后，一定要多在孩子身上花心思，多和孩子互动。

后来，他当了爸爸，也真的专门留出时间和孩子亲近。但是，每当他想要和孩子互动，孩子都离他远远的。这种状况让他很难受。他不喜欢小时候父亲对自己视而不见的行为，长大

后，自己却也无法和孩子亲近。小王觉得很懊恼，也很纳闷，怎么会这样？

二、自我、他人、情境一致性沟通

很多时候，我们能够意识到原生家庭对自己的影响，并提醒自己要摆脱这种影响。但在面对压力时，我们仍会不知不觉地被那个影响侵蚀。

为什么会这样？**与人沟通有三个要素，分别是自我、他人和情境**（见图 3-1）。**良好的沟通，需要和自己联结，关注自己的感受、需求、情绪；也需要和沟通的对象联结，运用换位思考、共情联结对方；还要考虑已发生的事情的起因、背景、环境……**如果你在沟通中可以综合考量这三个要素，就是真实的你在做出反应，而不是那个潜藏了早期的伤害、害怕、愤怒的你。也就是说，综合考量了这三个因素的沟通，是接受了自己的感受，并和自己保持和谐一致的沟通。

图 3-1　与人沟通三要素

但是，被情绪支配时，我们很容易忽略对这三个要素的兼顾。比如，小王的父亲因为暴躁而无法和子女亲近。他没有顾及小王内心的需求，也没有用心营造温馨的家庭氛围。这是因为，他在沟通时只注意到了自我和情境，忽略了他人。

如果在沟通中长期忽略他人，人们就会成为萨提亚沟通姿态中的指责型沟通姿态。为了让大家有更清晰的认识，这里我们回顾一下指责型沟通姿态。**指责型沟通姿态，即在沟通中把所有的错都归咎到别人身上。指责型沟通容易激发对方的恐惧，这种沟通以让对方恐惧的方式，迫使对方听自己的话。形成指责型沟通姿态的根源是内心的害怕，因为指责别人可以帮助这类人解除因害怕而产生的痛苦。**

在上文中，指责型沟通姿态的案例出现过很多次。父母之所以会形成指责型的形态，是因为他们的内心很孤独。他们因为内在世界的孤单、害怕，所以时时刻刻想要维护自己，并用不断指责他人的方式获得安全感，但这样做的代价是失去了与别人的联结。

小王提到很多自己和孩子相处的细节。比如，他每次回到家时都已经身心疲累，是强打精神和孩子玩。虽然在理智上，他提醒自己要多亲近孩子，但他没有考虑到自己的实际状态，也没考虑到孩子那时是不是想和他玩，所以这种亲近经常不欢而散。这种刻意的互动既没有取得预期的效果，也让小王自己很累。其实，这是因为小王同时忽略了自我和他人两个因素。

我给小王的建议是，回到家和小孩互动前，先觉察自己的状况，接触自己的感受和情绪。例如：当工作了一天，非常疲惫时，应先觉察到自己的疲惫，承认疲惫后，理解并接纳这种疲惫，然后管理自己的状态，比如让自己先休息一会儿。

如果是孩子们不想互动，小王大可以尊重孩子，下次再和孩子一起玩。**要在自己不疲惫、孩子又愿意的状况下，和孩子互动。这样就同时考虑了自我、他人、情境，也就是达到了一致性沟通。**

那么，在现实生活中，我们怎么兼顾自我、他人、情境三个要素，做到一致性沟通呢？

首先，接触自己的感受，承认自己的感受，管理自己的感受；

其次，关照对方，与对方联结；

最后，在情境中表达与处理。

为了和孩子更亲近，小王很愿意做出改变，他持续练习了一个月，后来告诉我，他和孩子亲近了许多。当在生活中可以做到一致性沟通时，小王就可以保护自己不受父母的影响，和家人顺畅地沟通，和孩子更亲近。

三、保持内心想法和外在行为的一致性

一致性沟通需要兼顾自我、他人、情境三个要素。**有些人可能会觉得自己无法兼顾这三个要素，认为情绪上来时，哪有心思想那么多，只管想到什么就做什么，于是表现得非常冲动，长此以往，不知不觉就变成了自己讨厌的样子。**

就像我的另一个学员小萍，她的母亲性格强势，掌控欲强，一言不合就发脾气，经常指责小萍和父亲。母亲平时说话也比较狠，毫不顾忌家人情面，出了问题就指责别人，错的都是别人，对的都是自己。

小萍很不喜欢母亲的性格和脾气，面对母亲时觉得很压抑。她想，只要远离她，就可以逃离她的掌控，获得自由，所以她一直试图逃离母亲。然而，她却发现在潜移默化中自己和母亲越来越像：个性强悍，容易发脾气……其实很多人都是这样，不想成为父母的样子，却偏偏在不知不觉中活成了父母的样子。

小萍说，在妈妈发脾气时，她要么以同样的怒气回应，要么不予理会。她总是忍不住和妈妈吵架，事后又经常感到后悔，她讨厌那个脾气暴躁的自己。

这时候，要觉察自己内心到底在想什么。在生活中时时刻刻提醒自己"内外一致"，即**心里的想法、感觉，要和表达**

的内容与肢体语言方向一致。尤其是关于"是与否"的问题，如果心里面想着"否"，嘴上却说"是"，就会削弱自身的完整性。

小萍说，这对她来说太难了。在对妈妈发脾气时，她根本没时间也没机会留意自己的内在。

我说："这就是自动化的反应。"**我们要从自动化的反应，转为有意识、有觉知、有选择的反应。于是，我告诉小萍，在生活中，要常常做挺直脊柱、均匀呼吸的练习，并在练习时深入内心世界，确认自己想要什么。**

我引导小萍保持内心想法和外在行为的一致性。

我问小萍："妈妈发脾气时，你心里是怎么想的？"

小萍说："很害怕，很想逃。"

我说："这是你真实的想法与感受，尝试着把这个感受告诉妈妈。"

小萍说："妈妈，你这样发脾气，我其实很害怕，很想逃开。"

平时多做这样的练习，在面对重要他人并感觉有压力时，就要提醒自己内外一致。真的做到内外一致时，你就接纳了最真实的自己，这时你也容易接纳对方。兼顾自我、他人、情境三个要素，使自己保持在当下，削弱过去经验的影响。

下面，我们整理一下让自己内外一致的方法。

（1）遇到重要他人并感到有压力时，脊柱挺直，调整呼吸，让呼吸更均匀，此时深入内心世界，确认自己想要什么。

（2）接纳自我、他人、情境，让沟通停留在当下。确认心里所想和口中所说方向一致。

这一节，我介绍了两种帮助大家减少原生家庭带来的负面影响的方法。当你被过去的经历困扰时，你可以尝试用这样的方法应对。**请在生活中多练习这节分享的两个方法，帮助自己走出父母的影响，走向新的自我。**

第二节　不认同父母的期望，如何坚定做自己

■　■　■　■

‖‖‖

－本节概要－

一、父母的期待影响了我们的人生选择

二、为什么有些人可以活出自己的人生

三、听从内在的声音，确认自己的人生

－本节练习－

想一想父母的哪些期待正在困扰你？运用本节分享的方法，明确
自己要的是什么，确认自己的人生方向。

‖‖‖‖‖‖‖‖‖‖‖‖‖‖‖‖‖‖‖‖‖‖‖‖‖‖‖‖‖‖‖‖‖‖‖‖

众所周知，父母会对孩子有很多期待，比如希望孩子出人
头地，希望孩子完成自己的梦想，希望孩子按照他们规划好的
路线成长……然而，并不是每一个孩子都愿意接受父母的这些
期待，这一节，我们就来谈谈如果不认同父母的期待，我们怎
么坚定地做自己？

一、父母的期待影响了我们的人生选择

我的父母对我也有很多期待。在我 18 岁之前，父亲就说过，希望我的结婚对象可以入赘。我有一个弟弟和一个妹妹，父亲觉得家里男丁单薄，所以希望我的先生未来可以在我家生活。我一向很听话，所以在寻找结婚对象时，有没有可能入赘到我家就成为我考量对方的标准之一。后来，虽然我先生没有入赘，但是他很照顾我的娘家。

我的学员国栋说，他的父亲对他也有很多期待，这一点从他名字中就可以看出来，"国栋"意味着父亲希望他可以成为国家的栋梁。从小学到初中，国栋一直都是人们口中的学霸，成绩好、有礼貌，一心一意要在毕业后成为国家栋梁，为家里争光。但这个期待让他压力很大，读了高中后，他因撑不住这种期待带来的压力，成绩一落千丈。他没有考上大学，后来只是成为一名微商。其实他的收入还不错，可他一直有一个心结，觉得自己辜负了父母的期望。也因为这个心结，他一直无法和父亲亲密相处。

父母的期待有时候是动力，有时候是压力，甚至是阻力。很多人会因父母的期待备感压力。有些人无法挣脱期待，只能负重前行，而有些人则可以拒绝这些期待，过自己的生活。

二、为什么有些人可以活出自己的人生

不向父母的期望妥协的人，是想要按自己的想法生活、努力选择自己人生方向的人。父母往往很坚持、很强硬，所以这通常是一个艰难的过程。**为什么有些人能够拒绝父母的期待？**因为他们坚决地听从自己内在的声音！更重要的是，他们意识到，父母把自己对人生的愿景投射到了他们身上。能清楚地认识到这个界限，就可以坚持自己想要的人生。

我在第一章中提到过"界限"的概念。**合理的界限，即相处的"分寸"，也就是"度"。想建立合理的界限，最重要的还是家庭成员之间要互相尊重、互相包容，允许每个人在自己的事情上有独立的看法、立场、选择，不过分干涉他人的选择，同时也不接受其他人的过分干涉。**

比如，我的学员小琪，她的父母都是律师，在业界很有名气，资源很丰富。他们从小就向小琪灌输一个观念，说他们是律师世家，小琪一定要传承下去。但是小琪从小就喜欢文学，而且最终走上了文学这条路。

又比如，我的朋友惠珍，她找到了合适的人，两人打算结婚。可当她把这个决定告诉母亲时，母亲百般阻挠，向她历数结婚对女人的诸多害处……之后，只要一提起结婚，母亲不是摔门而出，就是呼天抢地，没完没了地数落惠珍。虽然遭到母

亲如此激烈的阻挠，但惠珍还是坚定地结了婚。我参加了她的婚礼，她的母亲虽然出席了婚礼现场，但是戴着口罩，全程沉着脸，没说过一句话，宾客都觉得很奇怪。我很佩服惠珍的勇气。现在，惠珍已经有两个女儿，正和她的先生努力经营这个小家。惠珍说，妈妈不赞同她结婚，她的确感到很遗憾，但结婚是她的选择，她不会因为阻挠的人是妈妈就放弃。

父母把他们的状态投射到儿女身上，把自己的人生界限划入儿女的人生，这对于有独立意志的儿女而言，很不公平、很不合理。我们要明确父母的界限与自己的界限分别在哪里。只有划清界限，听从内心的声音，才能拥有自己想要的人生。

三、听从内在的声音，确认自己的人生

要如何听从内在的声音？简单来说，就是明确自己想要什么。生活中，你越能清楚地知道自己想要什么，就越能清晰地建立合理的界限。

当惠珍把她妈妈用冷暴力阻挠她结婚这件事告诉我时，我问她："在受到如此强烈的阻挠的情况下，是什么让你觉得结婚如此重要？你想要的是什么？"

惠珍说："我和男友相处得很融洽，我想要在亲密关系中得到滋养，在婚姻中互相支持、共同成长。"

惠珍很清楚自己要什么，也渴望在婚姻中让彼此都得到成长。但是，并不是每个人都清楚自己想要什么。比如，我的学员小玲的母亲总是向小玲哭诉自己婚姻的不幸，每次听到这些，小玲就很灰心、很绝望，她对自己的婚姻没有信心，一点儿也不想谈恋爱和结婚。

我问小玲："如果恋爱和结婚不是你想要的生活，那么什么是你想要的生活？"

小玲说："我就是不想陷入与妈妈一样的抱怨与矛盾！"

我说："没有抱怨和矛盾的生活是怎样的？"

她说："是简单、平静的。"

我说："是了，你追求的是一种简单而平静的生活。"

很多人都说得出"我不要"怎样。比如小琪说："我不要和爸爸妈妈一样做律师，太枯燥了。"**这种否定句式表达的并不是你内心的渴望，知道"我不要"什么后，请反向想一想"我要"什么。**

小琪说："我要生活中多一些情感表达。"

我继续问："生活里有了情感表达，会为你带来什么？"

她说："人生会变得有意义。"

探索到这里，我和小琪做了一个总结。我说："你渴望人生有意义，想通过丰富的情感表达让人生有意义，是这样吗？"

小琪说："我很喜欢文学式的描写，还有各种文学的表达方式。当我知道我渴望的是人生有意义时，我会更坚定地走文学之路。"

接触到内在深深的渴望时，人生方向也会随之变得清晰。一个人一旦确定了自己的人生方向，就会充满力量，坚定地走自己的人生道路，并且不会因父母的期望而轻易转移。确定内在的渴望，会为朝那个方向努力带来动力。

看完这些案例，我们来整理一下，怎样才能知道自己内心想要什么，进而确立人生方向，不被父母的期望左右。

首先，当父母把他们的期望加在你身上时，先确定他们所期望的是不是你喜欢、想要的。

其次，问一问自己想要的是什么？你可以闭上眼睛，深呼吸，问自己："我想要的是什么？"然后留意出现的影像、声音，或其他的感觉……得到答案后，再确认一次，问一问自己，我要的是什么……如果心中产生感动的热流，或变得很坚定，那么几乎可以确定这就是你要的。

再次，问问自己，得到想要的东西会为你带来什么？

最后，确定自己的方向。

第三节　面对父母的贬低和打击，如何提升自信心

◾　◾　◾　◾

－ 本节概要 －

一、一直被贬低打击，会失去自信心

二、自我价值感影响自信心

三、提升自信心的方法

－ 本节练习 －

关注自己的优点和成就，连续三个月坚持每天写赞美日记；学会提升自己的勇气和自信心。

在生活中，很多父母用贬低、打压的方式防止孩子骄傲自满，以为只有这样做，孩子才会有更好的未来。于是，很多孩子在从来不被夸奖、习惯性被否定的家庭氛围中长大。这样的孩子通常明明有能力，却不相信自己可以达成目标。这种不自信会严重阻碍其发展。

一、一直被贬低打击，会失去自信心

我的学员小玉，就是在父母的各种争吵、冷战中长大的。小时候，父亲一生气就打小玉，向小玉撒气。哪怕只是做错一点儿小事，她也会被骂得一无是处。因为很少得到正面的鼓励，总是被父亲打击，小玉很自卑，也很要强。她很怕出差错，一出错就会纠结懊恼很久，因此她不敢冒险做没有把握的事情。小玉心里很怨恨父亲，觉得如果父亲对她更慈爱一点儿，多给她一些鼓励，她就不会变成现在这个样子。

萨提亚家庭治疗理念认为："任何时候，父母都在尽他们所能。"小玉不妨试着了解父亲的成长经历，看看他在成长过程中，是不是只学习到了这种教育方式？只有理解了父母，自己才会成长。

在上文中我们说过，**正确的态度是着眼于自己的成长。如果认为自己所有的缺失都是父母造成的，一味地怪罪父母，觉得是父母让自己没有自信，任由自己继续活在缺乏自信的软弱中，就不可能成长**。所以，我们要让自己成长，培养自信心。

二、自我价值感影响自信心

我们在第二章中分享的提升自我价值感的方法，也可以提升我们的自信心。自我价值感会影响我们对事情的反应，也决定了我们和他人互动时的感受。萨提亚认为："**一个人要有足够高的自我价值感，因为对待别人与看待自己的方式，都会受自我价值感的影响**。"

自我价值感低的人，会觉得自己很差劲，容易被骗、被欺负，认为没有人喜欢自己，连自己也不喜欢自己。这种人总会陷入一种"自己是牺牲品"的情绪，觉得自己的人际关系不好，总被大家孤立，很孤独。他们对自己的期望不高，实际上做到的事也不多，常常陷入自我批判。但很矛盾的是，觉得自己做不到的人又会表现得很强势，比如，小玉一方面很自卑，一方面又很要强。

自我价值感和自信心有很大关系。自我价值感高的人往往清楚地知道自己的能力极限在哪里，可以完成哪些事情，从而坦然接受生活和工作中的挑战。

那么，除了提升自我价值感，还有什么方法可以提升自信心？

三、提升自信心的方法

如果我们在成长的过程中不断被贬低和打击，我们就会只注意自己的缺点和失败，甚至还会放大它们，并因此对自己越来越没有信心。这种情况下，我们不妨反其道而行之，多关注

自己的优点和成就。无论有多么微小的优点或成就，都要发现它，关注它，久而久之你就会形成一个自动化的反应，潜意识中不自信会慢慢反转为自信。

做各种事之前，先想想自己的优点，并想想自己曾经有过什么成就。这样做有利于提升自信，更有利于提高做事的成功率。那么，在做一件事情之前，具体要有哪些准备工作呢？

首先，调整好心态，想想自己的优点和各种小成就。这些优点与小成就，有的可能是你自己发现的，有的可能是别人告诉你的。

其次，摒除杂念，把脑海中与当下要做的事无关的东西都放到一边。

最后，做一次深呼吸，回到此时此刻，心无旁骛地完成当前的事情。

我们可以养成关注自己的优点和成就的习惯，可以通过写日记记录自己的优点和成绩。比如，小玉在日记中写道："第一天，优点是耐心地统计数字；成就是两小时内完成报表。"持续这个行动三个月，你的思维与感受会得到刷新，自信心也会得到提升。

第四节　被打骂责罚后，如何不再苛责自己

■　　■　　■　　■

- 本节概要 -

一、小时候常被打骂责罚，长大后容易苛责自己

二、应对内在自我批评的方法一

三、应对内在自我批评的方法二

- 本节练习 -

在自我苛责时，把永久性语言转化为暂时性语言，再用并存的自我对话接纳自己；用书写的方式客观地梳理自我苛责。

在上一节中，我们谈到面对父母的贬低和打击，如何提升自信心。这一节来谈谈被打骂责罚后，如何不再苛责自己。

小时候经常被打骂责罚的人，长大后往往总会在内心批评自己，觉得自己不会被别人接纳，觉得自己怎么做都不对，一点儿事情没做好就会一直内疚……这些在童年经历影响下形成的反应，会进一步渗透到我们当下的生活中。

一、小时候常被打骂责罚，长大后容易苛责自己

比如，我的学员小胡。他的小学生活就是在批评和责罚中度过的，不管是在学校还是在家里，只要他考试没考一百分，比赛排名不靠前，等等，稍微做错一点儿，老师或父母都会责骂他。参加工作后，小胡经常会陷入自我怀疑，认为自己做不好上司安排的任务。即使顺利完成，他也只能感受到过程的艰辛，体会不到一点儿喜悦。

因为小时候受到长辈们过多的责备，自我责备内化为小胡内心的声音，比如："我怎么总是连一点儿小事都办不好，真是没用""再怎么努力都没人赞同我，我注定什么事都做不好""不然还是放弃吧"……

当觉察到内在有一些声音正在责备自己时，你可以仔细留意，这些声音是不是在用一些永久性词语，比如"总是""永远""经常""一直"，这些词语会影响你的自我认同，降低你的自我价值感。

例如，"我总是粗心大意""我总是笨手笨脚""我永远无法做好"，这些自我批评、自我否定甚至自我摧残，大多是因为在早期的生活中，我们受到了身边人的打骂责罚，或者恶意中伤。

童年时期长期遭受这种责骂的孩子，会潜移默化地接受别

人的评价，觉得"你们说得对，是我不够好"。如果我们不能辨识和摆脱这些内心的自我批评，它们就会影响我们的行为，破坏我们的人际关系，甚至误导我们的成长方向，阻碍我们过自己想过的生活、成为自己想成为的人。

那么，怎样才能战胜这些不必要的自我苛责呢？这里我分享两个方法。

二、应对内在自我批评的方法一

第一个方法是分辨与并存，它共分为两步。

在心理学上，"永久性词语"会影响人对自己的整体评价，而"暂时性词语"会影响人对具体事情的评价。如果认可了永久性词语对自己的评判，情绪会很难松动。所以，我们要先分辨，我们的自我批评是永久性词语还是暂时性词语。如果把永久性词语改为暂时性词语，接着运用并存的方式与自我对话，面对自我批评就变得容易多了。

第一步：试着分辨这些内在自我批评是不是永久性词语，如果是，就改为暂时性词语；如果是暂时性词语，则直接进行第二步。例如，把"我总是粗心大意"改成"这次是我粗心大意了"，把"我永远无法做对"改成"这一次我没有做对"……**记住，内在那些"我永远做不好"的声音，不是真实境况的写**

照。你之所以会这样批判自己，是因为受早期生活经历和他人看法的影响，固化了自己的思维方式。

把永久性词语改成暂时性词语，才是就事论事，我们活在当下而非活在过去，所以请回到此时此刻。如果我们能回到此时此刻，慢慢地就可以摆脱童年经历的影响。

当然，回到此时此刻，你可能依然会因为当下发生的事情责备自己。但请放轻松，事情有对错，但情绪没有对错。

这时我们再进行**第二步：用并存的方式接纳自己**。这里我教大家一个接纳自己、与自我对话的方法。

意识到自己在做自我批判时，请先让自己安静下来，进行下面的自我对话，把自我批判转为自我接纳。以小胡为例。

我请小胡慢慢地说，"是的，我有时候会做错事情"，同时深呼吸……

"是的，我有时把事情做得很好"，深呼吸……

"这两个都是我"，深呼吸……

"我拥有的远比这两个多得多。"对自己说出这句话时，你可以拓展自己的思维，除了做错和做对事情之外，你还有很多其他的思考维度，比如慈悲心、专业、知识、能力等。

我们会发现，自己身上有两个方面，每个方面都是自己的一部分。这两个方面是相反的，分为好的和坏的，它们同时存在于我们的生命，只有接受这样的自己，我们才不会一直陷入

负面的情绪。**这个方法也可以用于别人批评自己时。**

我自己也经常使用这个方法。比如，在一次心理学的课堂上，我请学员们谈谈想通过这个课堂收获些什么。一个学员说："我邀请一位朋友来上课，但是他说丽娃老师上课很闷，不想来。"

听到这个批评，我一边上课一边与内在自我进行对话：**是的，我有时候上课很闷……是的，我有时候上课很精彩……这两个都是我，我拥有的远比这两个多得多。** 这样，我短时间内接纳了自己有时候讲课会让学员觉得闷，并且也觉察到有时候我的课也很精彩。这个方法拓展了我对自己的评价。因为能熟练地运用这个方法，所以我用很短的时间就调整好状态，可以继续平静地讲授课程。

三、应对内在自我批评的方法二

如果第一个方法对你不起作用，那就再试试第二个方法。陷入自我批评走不出来时，你可以把这两个方法都试一下。

第二个方法是书写疗法。书写本身就有治疗的效果，一般书写时都是从自己的角度出发进行叙述，在练习这个方法时，除了自己的角度，还要想象另外一个角度。为了更客观地看待问题，我们可以想象一下，当事人不是自己，而是自己的好朋

友或家人，这样可以降低自我批评的程度和频率。

请你把一件事写下来，每天写一件事，连续写三天或更久，但最好至少有一件事是近期发生的。下面是可参考的具体要求。

（1）一件发生在自己身上、令你感到自责的事情。详细具体地叙述事情的经过，以及事情发生时你的感受，像是丢脸、失败、尴尬、羞辱，或其他感受。

（2）想象这件事发生在你的好朋友或家人身上，他感到相当自责。写一件对方经历过的同类事件，回想当时他有什么反应和感受。

（3）你不想看到对方难过，于是决定写一封信安慰他。信中应该对他经历这样的事表达关怀、理解，并告诉他，你会支持他。

（4）现在，请重新描述自己经历的那件事，描述时应只记录客观发生的事实，不要记下负面的内容或武断猜测的部分。比如，约会对象不回你电话，这是事实部分，但对方觉得你没用，这是负面的内容，而且是非常武断的猜测，并非事实，不需要记录。又比如，你在公司做报告时犯了一点儿小错误，那么你只需对这个小失误进行客观描述，不需要写同事因此看不起你，因为这只是你主观的猜测，不一定是事实。而且我们在苛责自己时，通常会误解他人的面部表情，这容易增加我们的负面情绪。

　　完成三天的书写后，请你觉察自我批评的频率，是否变少了？强度如何？是否变弱了？也可以考虑再多做几天书写练习，好让自己更熟练。

第五节　嫌弃家人，就会讨厌自己

■　　■　　■　　■

- 本节概要 -

一、嫌弃家人，自然也会讨厌自己

二、用成年人的眼光看待过去发生的事

三、解离自己，客观看待童年经历

- 本节练习 -

回想某一段童年经历，尝试用解离的方法让自己和这段经历分开，练习用成年人的眼光、客观的角度看待童年经历。熟练地运用这个方法，会给你的生活带来很多帮助。

上文我们讨论了如何克服原生家庭带给你的影响，也告诉大家要学会接纳自己。而有些人说："我接纳了自己，但是没有接纳我的原生家庭。"所以这一节，我们就来谈一谈如何改善嫌弃家人也讨厌自己的情况。

一、嫌弃家人，自然也会讨厌自己

我有一个学员名叫爱莲，她在谈到原生家庭时，会不停地数落父母的各种不是，厌烦之情溢于言表。她总说："我的父母就是那样、啰里啰唆、负向思考、心胸狭隘、守旧落后……我很讨厌他们，也不想接近他们。"说这些话时，爱莲的表情和语气充分显示了她对原生家庭的不满。

实际上，爱莲也并不喜欢自己，她总觉得自己一无是处。这种负面思维也影响了她的婚姻生活。爱莲的老公长年在外，但是每次回到家，爱莲都会和老公吵闹，她的敏感和脆弱让老公不愿意也不敢回家。爱莲非常厌烦这样的生活，她觉得非常累，却又摆脱不了这种困境。

对家人的不满，往往也会伴随对自己的不满。因为我们就是在那个家中长大的，身上免不了会带有原生家庭的影子。

二、用成年人的眼光看待过去发生的事

家是我们成长的根，这个根会连接过去和现在，也会延伸到未来。你讨厌这个根，就也会讨厌在这个根上长出枝叶的自己。所以，在认识了自己的根之后，要承认它的样貌、接纳它，这样我们才有可能变成想象中的自己。

萨提亚给我们的建议是"用成年人的眼光看待过去发生

的事情"，这对于理解和包容父母有什么作用呢？上文提到过，**小时候我们以自己有限的认知去认识世界，对事情的理解也很片面**。例如，妈妈盛好饭后先端给弟弟，小孩子就容易理解为"妈妈不爱我只爱弟弟"，而这样的认知会一直延续到成年。但是如果用成熟的眼光看那时候的事，我们会发现，其实把饭先端给谁，和比较爱谁关系不大。

小龙的经历也是如此，他是被奶奶带大的，但小龙的哥哥却和父母住在一起。奶奶家和父母家隔着一条马路，小龙常常越过马路跑到父母家的窗子前，踮起脚尖看他们在做什么，但因为很怕被发现，所以又会很快回到奶奶家。父母把小龙交给奶奶照顾，却把哥哥留在身边，由此小龙认定父母比较爱哥哥。他努力读书，想用好成绩博得父母的关注，但父母最终也没有把小龙接回家住。实际上，父母之所以把他留在奶奶身边，是因为哥哥比较调皮，而小龙比较懂事，可以和奶奶做伴，但这并不意味着父母不爱他。小龙也是长大后成为一名父亲，才想明白了这些。

萨提亚在做治疗时，常常会运用这样的理念：**我们无法改变过去发生的事情，但可以站在不同的角度看待过去，改变这些事对我们的影响。站在成年人的角度看小时候发生的事情，就可以改变过去发生的事情对我们的影响。**

三、解离自己，客观看待童年经历

那么，怎么才能以成年人的眼光看待小时候发生的事情呢？如何从嫌弃家人、嫌弃自己的状态，转为接纳家人、接纳自己的状态呢？这里我提供一个方法。

这个方法叫作"解离"，就是让自己从事情中抽身，站在一个客观的角度看待事情。与解离相反的概念是融入，融入是指在想到童年经历过的事时，就好像在脑海中又经历了一次这件事。这种情况下，我们的情绪反应比较强烈，没办法用成年人的眼光看待事情。但是，解离的第一步是融入。只有融入当时的情境，重启记忆中的经历，才能更清晰地用成年人的眼光、站在客观的角度看这件事。

最好的解离方式，就是在头脑中把经历过的事情像在电视上放映一样，重新播放一遍。你以看电视节目的心态看自己的经历，就代表你已经从事件中解离出来了。站在旁观者同时也是成年人的角度，去看那个更年轻的自己正在经历的事情，去发现自己对这些事的看法与过去有什么不同。

这个方法和上文提到的"改变画面与画框"的方法有些类似。"改变画面与画框"是回想一段令你感到伤心痛苦的童年经历，并像看电影一样快速浏览这段经历，选取其中最具有标志性的一个画面，就像在电影中截取一张相片，并为这张相片配上相框。而"解离"是改变静态的画面，其重点在于观看整个故事的经过，包括故事的前因后果。屏幕中放映的是自己的经历，但是自己好像在看别人的故事。

现在请回忆一件童年往事，想想家人对待你的方式。请尽量投入情感，仿佛时光倒流、身临其境，调动自己的感觉，融入当时的那个情境。

就像爱莲，一想起家人、想起自己小时候，她总会有一种不舒服、厌恶、不情愿的感觉，这是因为爱莲已经融入当年的情境了。

然后，请在想象中把回忆起来的事情在电视屏幕中播放，看看有没有之前没注意到的细节。

我请爱莲深呼吸，在想象中把刚刚回忆起来的事情投放到一个电视屏幕上。看着电视屏幕里年轻的自己与年轻的父母，上演着自己和父母之间的故事。

把自己解离出来。站在旁观者的角度，可以帮你不再受到自己情绪的影响，你更有机会看到以前没有留意过的细节……这些都可以帮助你以成年人的眼光看待童年发生的事情。

例如，你可能会看到，父亲和母亲承担着好多来自爷爷奶奶的压力，看到你自己多么不易，在这样的状况下还在努力向上……

经过我的引导，爱莲掉下眼泪，她说："长久以来，一想到原生家庭，一想起自己的童年，我心情都很糟糕，厌恶的念头挥之不去。而这个方法让我觉得自己在看别人的故事，但同时我又知道这是自己的经历，因此反而可以发现一些自己没发现的事情。"

如果你担心自己会像爱莲一样，情绪的洪水喷泻而出，请尝试选择一个中等程度的创伤进行解离。请大家不要挑选那些对你造成重大伤害的事情，因为这些问题需要专业、持续的心理辅导。如果回忆起那些重大的创伤时你却没能得到专业的心理治疗，你的情况只会更糟糕。

我们都知道过去的事情已经无法改变，**萨提亚说："当了解到自己能够改变过去事件对自己生命的影响时，自我价值感就会提升。"**请你用成年人的眼光看待过去发生的事情，看看现在的自己可以理解过去不能理解的事情了吗？此外，还可以用解离帮助自己站在客观的角度看待原生家庭，这个方法可以帮助我们看到当时看不到的细节。这些细节是不是你理解父母的转折点？只有理解父母、接纳父母，我们才能接纳自己。

第六节　选择逃离，会阻断爱的能力

■　■　■　■

- 本节概要 -

一、你逃离的可能不仅仅是原生家庭

二、逃离和我们的情绪脑有关

三、转身面对，不再逃离

- 本节练习 -

每天睡觉前和自我对话，鼓励自己"我每一天……每一点……会越来越好……"；寻找你的支持系统；制订计划，并开始实施。

上一节曾提到，原生家庭是我们的根，如果讨厌这个根，大部分人会选择逃离。然而，逃离并不意味着可以摆脱束缚，因为你只是远离了物理距离上的家，身上仍不可避免地留有原生家庭的很多印记，这些印记会继续对你产生影响。

一、你逃离的可能不仅仅是原生家庭

我的来访者小露曾在国外念书，她在工作方面一直不顺利，回国之后接连换了好几家公司。之前的同事对她的评价是：有满肚子学问，但表达不出来，不喜欢和人交流，不善于与人互动。如果学会表达自己，她的职位一定比现在高。

小露从小就很优秀，但是她的父母很少表扬她，不仅如此，父母还经常用她的短板和别人家孩子的长处做比较，数落小露不如别人的地方。小露在家里没有多少话语权，也不敢表达自己的想法，因为说了也只会被父母骂。

她到国外读书，回国后也到了离家远的城市工作，就是为了远离父母。但是，她没想到逃离了因父母产生的烦恼，在公司的人际互动却成了新烦恼。开会时，即使有很好的想法，小露也不敢表达；和同事合作时，也因为不知道怎么交流而产生了很多误会。

还有一个学员小罗，她和小露一样讨厌自己的原生家庭，但是不得不和父母住在一起，因为父母年纪大了，需要她的照顾。可是老了的父母还是和小时候一样，对小罗凶巴巴的，责骂小罗时说话非常凶狠。小罗没有办法，只能选择性地和父母沟通，除了饮食起居上的照顾，小罗基本不和父母说话，父母和她说话她也不想回应。

　　小罗从小就养成了这种不回应的习惯，长大后也没能学会如何与人沟通。每当有人想要接近她，进一步和她交流时，她总是落荒而逃。所以，小罗单身至今。她很想找到一个伴侣共度余生，无奈自己总是被别人吓跑。

　　小露和小罗的遭遇令人心疼，我相信有很多人也一样，想要逃离原生家庭，没想到也失去了家人外的其他人，失去了自己和其他人联结的能力。为什么会这样？

二、逃离和我们的情绪脑有关

　　这其实和我们大脑中的"边缘系统"或"情绪脑"有关。这个区域负责产生感受，例如快乐、悲伤或担心，是大脑中很重要的一部分。边缘系统中有一个很重要的组织，叫作"杏仁核"，杏仁核会在你预感到有不好的事情时发出信息。**当你陷入危险的境地时，杏仁核会向全身发送信号，这时你的身体就会做出对敌人发动攻击、逃跑等动作，或像一只受惊的小兔子一样僵住不动等反应。**

　　科学家们做过一个实验，他们把一些年幼的老鼠放入某个环境，并经常刺激它们。研究者发现，那些在幼年时经常遭受恐吓的老鼠，杏仁核活跃的时间更长。由此，我们知道，**如果杏仁核在年幼时期受到频繁刺激，就会长期处于活跃状态，其**

判断和反应能力也会下降，体现在人身上，即人在没有威胁的状态下，也会做出相同的反应。

就像小露，她年幼时经常被父母数落，成年后，在工作中与人打交道时，即使没人数落，她也不敢表达自己的想法。她和那些小白鼠一样，已经习惯于使用那些应对方式，因此很难逃离或改变。有人和她说话或她想要表达一些想法时，总是习惯性地"僵"着。

小罗则是因为从小被父母责骂，养成了不回应别人的习惯。不管开心还是不开心，她都会一个人躲起来。这样的"逃"屏蔽了很多外界信息，其中可能包括她想得到的那些信息。

如果你和小露、小罗一样，想逃离原生家庭的束缚，却发现自己一边远离什么，一边也失去了什么。该怎么办呢？

三、转身面对，不再逃离

你可能已经不再对原生家庭抱有希望，但原生家庭仍如影随形，继续影响你的人生，包括工作、爱情、人际关系等。如果你想要真正摆脱它的影响，就要转身面对这些影响。

小说《地海巫师》讲述了一个牧童成长为巫师的故事。地海世界由很多小岛组成，是一个充满魔法的奇幻世界。少年格得是一个小岛上的牧童，他有魔法天赋，并且渴望学习更高深的魔法，于是老师傅欧吉安推荐他到另一座小岛上的巫师学院学习。在学院中，他受到同学的鼓动，无意间召唤出了地下的黑影。这个无名的怪物追赶格得，想要占据他的身体。格得在恐惧之下，逃回了故乡的小岛。欧吉安对他说："一个人如果不转身回到起点，就不可能知道终点。如果你不想当一根随着溪流沉浮翻滚的树枝，就要将自己变成溪流，而且是完完整整的溪流，从源头一直流到大海。现在，你得更彻底地转身，去找寻源头，那里蕴含你获得力量的希望。"格得也意识到，一味逃跑并不能解决问题，于是转身迎战。结果，形势逆转，黑影转而逃跑。格得追到大海的尽头，才发现黑影其实是自己的另一面。最终，在他的召唤下，黑影与他合二为一，格得重新成为一个完整的人，也终于终结了自己的失误。

这个故事有没有带给你一些启发？现实生活中，我们怎么样才能像格得一样转身面对黑影，得到解脱呢？下面以小露为例进行说明。

我问小露："你是不是准备好了，决定转身面对原生家庭？"

小露说："是的，虽然我还是有些害怕，因为长久以来我已经习惯于躲起来。"

我请小露每天睡觉前通过做一些动作、说一些话鼓励自己。方法如下：把手平放在大腿上，对自己说："我每一

天……每一点……会越来越好。"每说一句话，就轻轻抬起、放下一根手指，碰触大腿。从小指开始，可以从右手开始，也可以从左手开始，慢慢地轮到无名指、中指……十个指头按顺序轻轻地抬起放下，碰触大腿。如果重复十遍之后还没睡着，就再重复一遍，直到自己满意为止。

如果能就这样睡着也很好。睡前，大脑也在准备休息，会非常放松，这个时候做自我暗示最有效果。用同样的句型反复自我暗示"我每一天……每一点……会越来越好"，虽然每次句型都一样，句子也很模糊，但用这个句子进行自我暗示时，你的潜意识会自动填上你的需求。比如，小露在对自己说这句话时，说到"每一点"，她想到的是她的想法、勇气等。

改变不是一个容易的过程，会有反复，你也可能会想退缩。在转身面对的过程中，原来习惯的"逃"和"僵"会时不时地影响你，绑住你，这时你需要一个支持系统来陪伴你，帮助你，支持你。我告诉小露，她还需要一个支持系统，她可以就近求助于一位咨询师，或者参加一个互助团体，在团体的鼓励下完成改变。也可以把这本书当作一个支持系统，在遇到原生家庭的种种情况时，从书中寻找相应的方法帮助自己。

最后，我请小露制订具体的实践计划。比如，每周给父母打一次电话，一个月或两个月回一次家，至少每两周主动约一个同事吃一顿饭、聊一聊天。养成一个习惯需要持续三个月，因此这些实践至少要持续三个月。

这个计划要解决两个问题：一是逃离，也就是远离父母；二是逃离带来的影响，即参加工作后也不知道如何表达自己，不知道如何与同事相处。首先，她需要转身面对父母，因此与父母联络是计划里必不可少的，约同事吃饭则可以练习如何表达自己。

你在制订计划时，你也可以朝着这两个维度努力。

第三部分

回家之旅：改善家庭关系

第四章　以新姿态面对父母

第一节　面对强势的父母，如何鼓足勇气活出自我

■　■　■　■　■

－ 本节概要 －

一、父母太强势，没有机会做自己

二、接触自己的生命力

三、把家庭中的规则转化为生活指引

－ 本节练习 －

接触呼吸，联结心跳，接触自己的生命力；把家庭中的规则转化为生活指引，活出自己想要的样子。

从这一节开始，我们将进入回家之旅：改善家庭关系。这个回家，是回到心里面的家，也是回到原生家庭的那个家。上文我们谈到如果我们不认同父母的期望，又要怎么坚定做自己。这一节我们谈一谈，想要做自己，又太害怕强势的父母，应该怎么办？

一、父母太强势，没有机会做自己

我的来访者范范就有一对非常强势的父母。从小到大几乎所有的重大人生选择，都是父母替范范做决定的。父母的决定并不总是和范范的想法一致，但对于父母强势干预自己人生的行为，范范一点儿办法也没有。如今，范范即将大学毕业，步入社会。她觉得自己就是一个乖宝宝，无力应对社会上的各种挑战，心中充满恐慌，她很不喜欢这样的自己。范范很想拒绝父母继续强势地干预自己的人生，但她不知道应该如何表达。范范的自我意识开始觉醒，也因此陷入一种两难的困境，她想活出自己的人生，却又无法摆脱父母的束缚。

父母太过强势，势必会对孩子过于严苛，让孩子一方面想要挣脱束缚，渴望逃离父母；另一方面又害怕犯错，不愿面对困难和挑战，变得没自信。这样的孩子容易丧失对自我的正确认识，变得自暴自弃。

　　父母的强势干预会束缚孩子自行判断的能力，因此，遇到需要自己做选择的情况，孩子只能根据过去的经验进行判断。关于被过去经验所影响的情况，上文已经谈了很多，也谈到过"在知道自己想要什么时，如何不受父母期待的影响，过自己的人生"，并分享了实现一致性沟通的方法。下面我们来谈一谈，面对父母的强势，如何争取自由，做自己？

　　所谓的"做自己"，并不是随心所欲、任性妄为，而是一种伸展与舒适的状态。萨提亚对"自由"的看法是：自由地看和听，不是应该如何看、如何听；自由地说出所感和所想，不是应该如何说；自由地感受你所感受的，而不是应该怎么感受；自由地获得自己想要的，而不是总要等待别人的允许；自由地按自己的想法去冒险，而不是必须选择安全的路，不让自己的船有一丝摇晃。

二、接触自己的生命力

　　想要争取为自己的人生做选择的权利，得到自由，首先要接触自己的生命力。因为生命力会带来无穷的力量，让自己更有勇气做自己。而且，生命力源自我们本身，不必向外求。

　　最能体现生命力的两种生理现象，就是呼吸与心跳。婴儿离开母亲的子宫后哇哇大哭，肺功能被调动，之后呼吸会一直伴随我们的人生。呼吸于人类而言，是不可或缺的存在，因此日常生活中我们常常忽略它。然而，它却直接联结我们的生命，接触呼吸、关注呼吸、联结呼吸，也就联结了自己的生命力。

除了呼吸，还有心跳与生命相伴。胎儿在母亲的肚子里时，很早就有了自己的心跳。和呼吸一样，在日常生活中，我们往往也意识不到心跳的存在。接触心跳、关注心跳、联结心跳，也就联结了生命力。看到这里，你可能会产生一个疑问，虽然都容易被忽略，但呼吸是可以觉察的，可我们要怎么觉察到心跳呢？最简单的方法就是通过脉搏感知。像手腕、手心、耳后、脚踝……这几个地方都可以摸到脉搏，摸到后，清空大脑，将意识专注于脉搏的跳动，安静地体验心跳与自己生命力的联结。

三、把家庭中的规则转化为生活指引

与生命力联结之后，如果还是没办法做自己，不妨思考一下，是不是具有限制性的规则在束缚你的思想？找到这些规则，松动它们，你就更有机会做自己。

从小到大，父母总是告诫我们不可以这样、不可以那样、应该怎样。家中充斥着这样的规则，思想的自由受到了一定限制，我们画地为牢。由于长期被这些规则束缚，我们已经与它们融为一体，并且意识不到它们的存在。那么，怎样才能分辨出这些限制思想自由的规则呢？

在无法自由地舒展时，我们可以通过反思自己的思维、与内在对话，发现这些规则。以范范为例，她很想和父母说，想要自己决定人生的选择，却不知该如何表达。因为她的内在有一个声音告诉她："我应该总是听爸爸妈妈的话。"这个信念根深蒂固，让她根本不知道该如何反抗。

那些表达限制的语句，开头会带有标志性词语。比如：

"我应该……"

"我不应该……"

"我一定……"

"我必须……"

"我从不……"

"我只能……"

"我总是……"

"我绝对……"

"我永远……"

听到这里，有没有想到自己受到过哪些规则的限制？

萨提亚认为，家庭中的规则可以维持家庭的秩序，并在我们还太过弱小时帮助我们远离可能会面对的危险。但是随着

年龄的增长，当我们越来越有能力，并且渴望独自应对这个世界时，这些规则就成了束缚手脚的绳索，限制我们的成长。不过，这些不再适用的规则会因变通而松动，并转化为对生活的指引。

接下来，我以"我应该总是听爸爸妈妈的话"为例，介绍如何松动长期以来限制你的规则。

过程是这样的。

原始家规句子："我应该总是听爸爸妈妈的话。"默念三次，慢慢说，说完后从头开始，像扫描一样将你的意识依次转移到额头、脸颊、嘴唇、脖子、肩膀、前胸、后背、双手、腹部、臀部、双腿……感受一下，身体哪里最有感觉？有什么感觉？比如，你的感觉可能是胸口闷、头疼……

对自己说："谢谢这种感觉，谢谢你让我知道……"

深呼吸……

之后，请跟随下面的引导，进入转化的三个过程。

转化过程一：将原来很强硬的"应该"换成比较有弹性的"可以"。

"我可以总是听爸爸妈妈的话。"念三次，慢慢说，说完以后用意识扫描全身，感受一下身体哪里最有感觉？有什么感觉？比如"胸闷的感觉缓解了一点儿"，或其他感觉。

深呼吸……

转化过程二：把表示高频率的"总是"换成表示较低频率的"有时"。

"我可以有时听爸爸妈妈的话。"念三次，慢慢说，说完以后用意识扫描全身，感受一下身体哪里最有感觉？有什么感觉？比如"胸口不闷了"，或其他感觉。

深呼吸……

转化过程三：找到三个"当……时"。你可能会好奇，为什么要找三个？萨提亚说，一个选择其实是没有选择，两个选择让人左右为难，而三个选择才是有的选。找到三个"当……时"，我们才能有所选择。

想一个"当……时"，我是可以听爸爸妈妈的话的。即在什么情况下，你可以听爸爸妈妈的话。比如，你说："当我同意时，我可以听爸爸妈妈的话。"念三次，慢慢说，说完以后扫描全身，感受一下身体哪里最有感觉？有什么感觉？你可能会说："挺轻松的。"

请再找一个"当……时，我可以听爸爸妈妈的话"。你可能会说："当我有力气时，我可以听爸爸妈妈的话。"同样念三次，慢慢说，说完以后扫描全身，感受一下身体哪里最有感觉？有什么感觉？你可能会说："拳头最有感觉，有力量感。"

然后，再找一个"当……时，我可以听爸爸妈妈的话"。你可能会说："当我喜欢这个意见时，我可以听爸妈的话。"念三次，慢慢说，说完以后扫描全身，感受一下身体哪里最有感觉？有什么感觉？你可能会说："胸口感觉最明显，有一种自己做主的感觉。"是的，当有选择时，自己就会感觉更自由。

下文是整理后简化的引导过程，供大家在自己练习时参考。整个过程以自我对话的方式，引导意识觉察身体、调动感觉。

（1）肯定句式的规则：我应该总是听爸妈的话。（胸口闷）

转化过程一：我"可以"总是听爸妈的话。（胸口闷稍有缓解）

转化过程二：我可以"有时"听爸妈的话。（胸口不闷）

转化过程三：当（三个选择）……时，我可以听爸妈的话。

①我同意时。（挺轻松的）

②我有力气时。（拳头最有感觉，有力量感）

③我喜欢这个意见时。（胸口感觉最明显，有一种自己做主的感觉）

补充一下，在这个范例里，规则和这三个"当……时"的范围都很宽泛，因为即使你想要转化的家中规则很宽泛，但你想到的三个"当……时"有可能并不宽泛。不要被自己限制。

（2）否定句式的规则该怎么转化？下面我简单地举一个例子进行介绍。

比如，小林家有一个规则是"我应该永远不提问"。这是一个否定句式的规则。

我应该永远不提问。（头很重）

转化过程一：我"可以"永远不提问。（头比较轻）

转化过程二：我可以"有时"提问。（头轻松）请注意，这时"不提问"需要转化为"提问"。

转化过程三：当（三个选择）……时，我可以提问。

①我不了解时。（打嗝，感觉很轻快）

②我想要探索事情时。（感觉有动力）

③我处于一个学习的情境时。（感觉很轻快）

请注意，自己练习时，在转化否定句式的家中规则的过程中，转化过程二需要把否定句转化为肯定句。

第二节　当谁也不能改变谁，如何给爱划定边界

■　■　■　■

‖‖

－本节概要－

一、当谁也不能改变谁时，怎么办

二、我们和父母因为相同而联结，因相异而成长

三、和父母相处时，要既有关爱，又有边界

－本节练习－

与家人建立界限。在生活中接纳父母，允许父母用他们喜欢的方式生活，充分给予父母选择权。

‖‖‖‖‖‖‖‖‖‖‖‖‖‖‖‖‖‖‖‖‖‖‖‖‖‖‖‖‖‖‖‖‖‖‖‖‖‖

在这段回家的旅程中，我们还会遇到一种现象，那就是因无法改变父母而受挫，并因此不知道如何去爱。下面我们来谈一谈，当谁也不能改变谁时，怎么建立爱的界限？

一、当谁也不能改变谁时，怎么办

我有一个学员叫敏敏，她是一个有独立思考习惯的人，做

事也比较有主见。敏敏总是不被父母的意见左右，做自己想做的事，她的工作、婚姻都是自己选择的。母亲说，敏敏很自私，做决定时常常不和他们商量就自作主张。敏敏很不认同父母过度节俭的生活方式。而对于她表达的关心，父母总是很冷漠。比如，她想提高父母的生活质量，因此给他们买了先进的家电，结果父母却责备她只知道乱花钱。敏敏不知道怎么处理与父母之间的观念差异。

像敏敏这样能够独立思考、对事情有主见、不认同父母生活方式的情况很常见。很多成年人在形成了自己的思维模式和生活方式后，都会不认同父母的生活习惯，子女想要改变他们，却又遭到抗拒，导致双方关系变得紧张。

父母希望我们按照他们习惯的方式生活，我们也试图改变父母，让他们按照我们认为更好的方式生活。让别人听话地按照我们的意愿生活，会提升我们的自我价值感，同时我们也会因为一切都在自己的可控范围内，获得安全感方面的满足。人们对未知常常带有恐惧，而如果控制对方按照我们的意愿行事，未来就不会产生未知的变化，一切就会变得安全。然而，这种安全只是表面上的相安无事，被控制的人内在总有一股能量在翻滚涌动。一旦脱离控制，这股能量就会如脱缰野马，肆意奔腾。

假借"我是为你好""我是爱你的"之名，实施控制之实，

这样的"爱"只会让彼此都被捆绑。

我也有过这样的经历。我刚开始工作时，在离家很远的小镇上的小学教书。每逢寒暑假回家，我总是想把我认为比较合理的生活方式带回家，希望改变家人不那么合理的生活方式。而最后常常是徒劳无功，寒暑假一结束，我又会回到工作地，父母亲则会依然按他们熟悉的方式生活。

随着心智不断成熟，儿女会变得有主见，不再那么顺从，这时父母就会很不习惯。有一次，我的同学玉珍和我一起回娘家，聊天时，玉珍对我妈妈说："邱妈妈，你们家丽娃很出色，到处讲课……"我妈妈很冷淡地说："她只是借我的肚子出生而已。"

听妈妈这样说，我有些伤心。只有我知道，从小到大，我有多么希望得到父母的认可。很长一段时间内，我都执着于获得他们的认可，感觉也因此迷失了自己，变得找不到方向。然而，当我自己认可了自己，有了主见，不再那么顺从时，我的妈妈不习惯了。我知道她那样说是在表达她的不满，然而我还是坚信，我要继续走自我成长这条路。这是一条长长久久、永不后退的路。

二、我们和父母因为相同而联结，因相异而成长

但是，有些人即使并不认同父母的观念，仍可以与父母和

谐共处，不会与父母相互控制，相互对抗。

　　下面讲一下学员小谢的故事。小谢的父母居住在北方，小谢成家后生活在南方。后来，小谢把父母接到了南方，并把父母安置在和自己同一个小区的同一栋楼里。他把家里的钥匙给了父母，说："这样方便彼此照应，不论是你们想来逗逗孙子，还是我们想去看看你们，都只要乘电梯上下就行了。"这真是一个很理想的安排，物理环境的安排固然重要，但更重要的是小谢的心态。

　　其实，之前小谢也曾试图改变父母，并因此衍生了很多烦恼。小谢的父母什么都舍不得丢，久而久之，家里堆满了杂物。老人总是说："这个留着还有用，那个也还可以留着。"连小谢的快递箱子都堆在角落……冰箱里更是塞得满满当当的，很多食物已经过期了，父母还是舍不得丢。小谢每次回北方的家，都恨不得把那些乱七八糟的杂物统统扔掉。小谢想不通："好好的家，明明是用来给人住的，为什么非要用来堆放这些东西。"

　　小谢希望父母居住在干净整洁的环境里，吃新鲜健康的食物，养成好的生活习惯，延年益寿。但面对堆得到处都是的杂物和父母的固执，小谢感觉特别无力。

　　那么后来，小谢如何处理对父母的这些期待呢？他说，萨提亚有一个治疗理念："**相同使人们产生联结，相异使人们成**

长。"正是这个理念改变了他处理与父母的关系的方式。

小谢想："我们试图改变父母，是不是想把他们变得和我们一样，保持联结？可我们和父母是因为这些相同而产生联结的吗？"这个思考让小谢一下就想通了："我们和父母是通过血缘联结在一起的，不是因为完全相同，并且，我们本来就有很多相同的地方，例如性格、脾气……我们何必强求他们改变生活习惯，在这一点上变得和我们一样呢？"当我们抛开改变父母的执念，获得内心的平静时，就很容易发现，父母的生活习惯是由他们的成长环境和思考方式决定的。

"相异使人们成长。"**虽然我们从小在原生家庭中生活，但我们早晚会离开家，独自面对这个世界，随着阅历的增加，我们会发展出不同于原生家庭的生活习惯与思维模式。因此，与父母的相同之处，使我们和父母的联结始终不曾断开；而与父母的不同之处，使我们获得成长。**

想通这些后，小谢不再干涉父母的生活方式，允许自己和父母在思想、行为模式、生活习惯方面存在不同。之后，这类"允许"越来越多。在这个过程中，**小谢发现了一个和父母互动的小诀窍——让父母有选择权。**

后来，小谢的父母决定，冬天来南方和他们一起生活，夏天则回北方老家。老人家说："这样可以体验南北气候的差异，还挺有趣的。"到了南方，父母可以和邻居们聊聊北方的事情；

到了北方，又可以和左邻右舍谈谈南方的事情，生活多姿多彩。关键是，这是老人们自己的选择，他们一定会很喜欢。

三、和父母相处时，要既有关爱，又有边界

萨提亚说过，**有选择就有力量**。想要和父母有更好的沟通，不妨多给他们几个选项，让父母有更多的选择。比如，想要在过年时表达孝心，可以这么问父母："天气挺冷的，你们看我是给你们买件厚棉袄好呢？还是买个电暖器？或是带你们到南方避寒？你们觉得哪种更好？"这就是既有关爱，又有边界的交流。

在第一章中，我们讲过建立边界。**合理的界限，即相处的"分寸"，也就是"度"。想建立合理的界限，最重要的是家庭成员之间要互相尊重、互相包容，允许每个人在自己的事情上有独立的看法、立场、选择，不过分干涉他人的选择，同时也不接受其他人的过分干涉。**

建立界限的基础是，清楚自己应该负什么责任，不应该负什么责任。

每个人都是独立的个体，拥有边界感可以让我们更完整、更独立。然而，现实是大多数父母都缺乏边界感，因为父母自认为是他们给了子女生命，他们有权支配子女的人生，子女也

必须听从父母的意见。当子女不愿盲从时，他们会气愤又伤心地说："翅膀硬了，连父母的话都不听了……"这显然是丧失边界感的表现之一，关爱一旦丧失边界，就会转化为捆绑。

另外，对亲近的人比较苛刻，对外人却很和气，也是一种丧失边界感的表现。对亲近的人，我们容易因为太过熟悉而模糊了边界。而设立边界并非是要和对方划清界限，不相往来，而是要让对方知道应该尊重彼此的想法和决定。所以，与家人相处时，最好的方式是既有关爱，又有边界感。

第三节　身处情绪旋涡，如何与父母好好沟通

■　■　■　■

- 本节概要 -

一、身处情绪旋涡，很难与父母沟通

二、是什么触发了你的情绪

三、ABC 理论：想法不同，情绪反应就不同

四、转换想法，心平气和地沟通

- 本节练习 -

当你觉察到负面情绪阻碍了和父母沟通时，请运用 ABC 理论，试着改变自己的想法。

在上一节中，我们讨论了在无法遵从父母的意愿，又不能改变父母时，如何给出有边界的爱。成长也是自我不断觉醒的过程，成年后，我们希望以新的姿态面对父母。但生活不是童话，不会有"从此过着幸福快乐的生活"的大结局。想要避免摩擦，与父母和谐融洽地相处，仍要注意很多细节，而沟通方

法就是很重要的一点。

原生家庭是爱的产地，也是矛盾和苦恼的聚集地。这些矛盾和苦恼在爆发时，往往伴随着很多负面情绪。此时，沟通就会变得无效，甚至会起到反作用。这一节我们来分析，身处情绪旋涡时，你怎么和父母好好沟通。

一、身处情绪旋涡，很难与父母沟通

我有一位朋友小杨，他是家里最小的孩子，有两个姐姐、两个哥哥。姐姐们都已出嫁，哥哥们也都外出打拼，他们都已在其他城市安家立业。小杨则留守在产茶的家乡，成了一名技术高超的制茶师傅，这也方便他照顾父母。

小杨对待朋友很热诚，我和先生路过茶乡时，一定会去拜访他，品尝他做的茶，因为他的茶有很浓的茶香。

然而，小杨在和他的妈妈说话时，却总是透着明显的不耐烦。例如，一起喝茶时，小杨妈妈问小杨："这两位客人从哪儿来的？"小杨却说："你不用管这么多！"在聊天过程中，小杨妈妈也想参与我们的话题，小杨却说："这个你不懂，就别说了。"这让小杨的妈妈很尴尬，也让我们不自在。

私下里，我了解了一下小杨的家庭环境。原来小杨在成长过程中总是被妈妈否定，他耳濡目染，长大后也会习惯性地否定他人，日常沟通中经常不自觉地否定妈妈。他自己也觉得这种夹带情绪的沟通方式不好，可是他一下子不知道怎么改，也不知道如何摆脱情绪的影响。

小杨想和妈妈好好沟通，却又做不到，遇到这样的情况时，该怎么办？

二、是什么触发了你的情绪

想要做到即使有情绪也能好好沟通，我们首先要认识情绪。在上文中，我们提到过情绪，但在这一节中，我们将从不同的角度带领大家认识情绪，进而管理情绪。当我们能够更深入地认知情绪、管理情绪时，就能做到不受情绪影响地和父母沟通。

我们先来讨论，情绪是什么？**情绪是指一个人受到刺激时所产生的身体变化和心理反应，比如喜、怒、哀、惊、恐、爱、恨，再比如嫉妒、惭愧、羞耻、自豪等，是人类各种感觉、思想和行为综合产生的心理与生理状态。**

感官刺激可能会引起情绪变化，比如听到笑声、哭声、风声、雨声、读书声、歌唱声时，人会产生不同的情绪；闻到花香、茶香、饭香、咖啡香时，人也会产生不同的情绪。温暖的阳光、清凉的海风、翠绿的草原，会使人心情愉快；拥挤的公交车、吵闹的菜市场、工厂机器的噪声，会使人心情烦躁。**个人行为可能引起情绪变化**。比如报告没完成、考试没准备好、要上台做报告等，会使人焦虑、紧张。

身体状态也可能会引起情绪变化。比如，没有吃早餐导致的胃痛、女性的生理痛等，我们总能看到人们因身体不舒服而愁眉苦脸。

另外，思想变化也会造成情绪变化。比如，当你想起伤心事时，眼泪会不知不觉地掉下来；而想起高兴事时，自然而言就会微笑。

这么说来，**情绪是一个指示器，不同的情绪反映了不同的内在状态；情绪还是个驱动器，在情绪的驱动下，人们产生了积极或消极的行为**。例如，悲伤时会觉得很无力，愤怒时很容易爆发很强的破坏力。小杨对妈妈感到不耐烦，不想让妈妈说话，也是在削弱自己的力量。

三、ABC 理论：想法不同，情绪反应就不同

在生活中，我们应该怎么面对自己的情绪呢？**心理学中有一个关于情绪的著名理论，叫作 ABC 理论。A 是指事件，B 是指对这件事的看法、解释，C 是指产生的情绪反应。ABC 理论认为，面对同样一件事件，看法、解释不同，产生**

的情绪也不同。

比如，有一段时间，我在家附近的公园里种菜。有一次，我在菜园里看见好多粉蝶，当时我想："这么多人在这里种菜，还有粉蝶飞来飞去，这里的生态环境维持得真好。"想到这里，我还挺开心的。

这时候，一个阿姨过来，一边拿起扫把驱赶粉蝶一边说："这些该死的粉蝶，过不了多久就会下卵，卵没多久又会孵出幼虫，幼虫就会吃菜叶，太讨厌了！"

我们用 ABC 理论分析粉蝶的例子。

1. 站在我的角度看

A（事件）在菜园中看到粉蝶；

B（看法）粉蝶是环保指标；

C（反应）我很开心。

2. 站在阿姨的角度看

A（事件）也在菜园中看到粉蝶；

B（看法）粉蝶的幼虫会吃菜叶；

C（反应）阿姨很生气，想驱赶粉蝶。

所以，面对同一件事情，不同的人想法不同，产生的情绪也会不同。在家庭中，与父母相处时，面对同一件事情，我们是不是可以转换想法，从而改变自己会产生的情绪呢？

四、转换想法，心平气和地沟通

我有一个来访者小童。她说："我发现自己无法和父母沟通，这种状况已经持续很长时间了。其实每次我都想心平气和地和父母说话，话到嘴边却总是带着不耐烦，到最后也总是吵起来，结果双方不欢而散，我其实很不喜欢这样的沟通。"在主观意愿上，小童想和父母心平气和地沟通，但她好像做不到这件事。也有朋友建议小童："你要改变自己的想法！"小童说："我知道应该改变，可我不知道怎么改变。"

我问小童："在和父母相处时，什么样的事情最容易引起你的不耐烦？"

小童说："父母没完没了的唠叨。比如，他们会不停地叮嘱我，离开房间时，要拔掉所有电源插头；吃饭时，不停地说我吃得太少，会营养不良。我简直被当成了小孩子，所以一听到他们唠叨，我就很不耐烦，没办法心平气和地和他们说话。"

我引导小童用 ABC 理论来看这样的交流究竟存在什么障碍。

A（事件）父母唠叨；

B（看法）父母把我当作小孩子；

C（反应）不耐烦，抗拒交流。

父母把自己当作小孩子，这是小童对父母唠叨这件事长久以来的看法，在这个看法的带动下，小童对父母的唠叨的一贯反应是：不耐烦和抗拒交流。

我们一起来试试如何在相同的事件中转换看法。

A（事件）还是父母唠叨；

B（看法）转变为认为父母很健康，还有精力管理我们的健康；

C（反应）可以换一种方式和他们说话。比如，不想拔电源插头时，就和他们说："我要上班了，电源插头就拜托你们了。"吃得少时，就和他们说："你们可能比我更需要注意营养。"

找到这样的方法让小童很开心。

下面我们整理一下，在日常生活中如何使用 ABC 理论。

（1）发现与父母相处时引发不良情绪的事件 A；

（2）觉察对这件事的看法 B；

（3）想清楚原来的这个想法导致的情绪反应 C；

（4）将原来的看法换成另外一个合理的看法 B；

（5）转换看法后，带来不同的情绪反应 C。

但是，改变想法不是那么容易的事。通常遇到事情时，我们最直接的反应往往是根据感官接收到的信息自动做出的，比如看到父母的表情、听到父母的唠叨声后，立刻产生抵触情绪。这必然导致双方无法心平气和地沟通。

　　在这个自动化的过程中，如果稍微思考一下是什么样的想法滋生了这种糟糕的情绪，你就有机会改变看法，让沟通更顺畅。这和上文的觉察有些类似，只是方法不同。

　　成长就是把自动化的反应转变成有意识、有觉知、有选择的反应。在与父母相处的过程中，运用 ABC 理论，可以帮助我们觉察自己的想法。如果能够改变某些想法，产生不同的情绪反应和行为，我们就能从情绪的旋涡中脱身，和父母心平气和地沟通。

　　日常生活中，当你觉察到负面情绪阻碍了你和父母沟通时，请运用 ABC 理论，试着改变自己的想法。

第五章　以新姿态经营爱情

第一节　如何准备好自己，不再惧怕走入爱情

■　■　■　■

‖‖

－ 本节概要 －

一、讨厌父母的爱情，自己也不敢拥有爱情

二、导出时间线，看看是什么影响了你

三、调整时间线，不再畏惧爱情

－ 本节练习 －

觉察一下，你的爱情是不是受到了过去经验的影响，如果有，请你运用本节分享的方法，导出并调整你的时间线。

‖‖

在上一章中，我们阐述了如何以新姿态面对父母，更好地和父母相处、沟通，修复和原生家庭的关系。现在，我们可以准备进入新的阶段——营建自己的家庭。下面我们先来探讨，如何以新姿态迎接爱情。

一、讨厌父母的爱情，自己也不敢拥有爱情

有很多人因为目睹了父母婚姻的不幸，害怕遇到像父母一样的伴侣，所以畏惧婚姻。

比如，我的学员安安，她的父母每天都吵架，大事吵，小事也吵，家里不得安宁。她很讨厌爸爸的所作所为，也非常害怕遇到一个像爸爸一样的伴侣。在成长的过程中，安安一直提醒自己，不要变得像爸爸或妈妈那样脾气暴躁、蛮不讲理……的确，在性格方面，安安不像爸爸妈妈那样暴躁。安安有过几段恋情，但一直无法安心地步入婚姻，也和相亲认识的对象交往过，但相处时总觉得很尴尬。此外，爸爸妈妈一直在催她结婚，安安很焦虑。

安安的内在很矛盾，一方面她想要进入婚姻，另一方面又很逃避婚姻。她不想因父母催婚仓促地步入婚姻，可又不知道该找一个什么样的人。其实，除了安安，还有很多朋友也深受这种状况困扰，该怎么办呢？

　　萨提亚家庭治疗的理念之一是：改变是可能的，外在的改变受到限制，那就改变内在。这句话的意思是，我们无法改变外在的环境、条件，但可以改变自己内在的状态。比如，安安无法让父母不催婚，但她可以改变自己的内在，比如改变自己对婚姻的看法。

二、导出时间线，看看是什么影响了你

　　如何实践这种理念呢？

　　首先，我们要知道大脑是怎么编排时间的。

　　生活中，我们以钟表指针移动的距离来量化时间的流逝。秒针、分针、时针，滴滴答答，有序地移动，也建构了人们普遍接受的时间概念。但是，人的大脑是如何处理时间的呢？其实，**每个人心里都有一套独特的编排时间的方法。这种方法对性格以及处事方式产生了很大的影响。**

　　就像安安，因为对过去的事情印象深刻，所以她无法相信爱情。这表明，安安的大脑编排时间的方式中，"过去"占据了很重要的位置，所以她总是被过去的事情影响。其实，很多人像安安一样，受过去的事情影响，不敢迈向未来。

　　还有一个学员小雪，她的父母也经常吵架，但小雪的应对方式却是，屏蔽小时候的经验。她常常幻想未来会找到一个爱

她的人，过上幸福的生活。可实际上，小雪还没有男朋友。像小雪这样把注意力集中于想象中的未来的行为，也是脱离实际的。

这里我想告诉大家，**过多地把注意力放在过去或未来都不是应对问题的正确方式。正确的应对方式是，综观过去、现在与未来，然后再编排时间，让当下的我们可以积极正面地面对生活。**

怎么知道自己比较倾向于哪一种时间编排方式呢？**我们可以反思一下，自己经常想的是过去的经验，还是当下的事情，或是还没发生的事情……通过这种反思，判断自己更看重过去还是未来的事情。还有一个方法，就是运用想象力，导出脑海里的时间安排，我们称之为时间线。**怎么导出时间线呢？

将时间划分为昨天、今天、明天。现在，请想想，在今天早上醒来时，回忆一件昨天发生的事情。再想象明天早上醒来时，明天早上可能发生一件什么事。你还记得昨天发生的事吗？这件事很重要吗？影响大吗？它是彩色的，还是黑白的？你能想象到明天会发生什么事吗？明天发生的事是什么颜色的？和昨天的事情相比，哪件事对你的影响比较大？

如何区分你想到的这两件事有什么不同？怎么知道哪一件是过去的，哪一件是未来的？

请你在脑海中形成这样一条线轴，它以"现在"为中间点，过去在左边，未来在右边（见图5-1）。请留意在想到这两件事情时，它们在你脑海中的位置是怎样的？比如，昨天早上醒来的画面在左边，明天早上醒来的画面在右边。

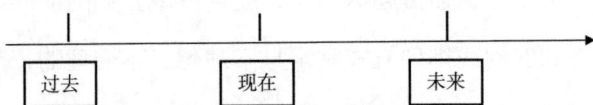

图5-1 时间线轴图

现在，请站在此时此刻，想象自己在一周前醒来和一周后醒来的情形。你脑海里能清晰地浮现一周前的画面，还是一周后的画面？请你分别想象在昨天、明天、一周、一周后这四个时间点发生的四件事情。

只想这些事情在你脑海中的位置就行。开始注意这些事情所在的位置时，我们所谓的"为时间排序"就开始了。不同画面在脑海中的不同位置，是你为这些事情排序的方法之一。

你可以继续想象在五年前的某一天早上醒来与五年后的某一天早上醒来的情形，找出这些时间点在你的脑海中处于哪一个位置。现在你可能已经看清楚了，在产生较大影响的事情中，过去发生的事情占了多大比重？已经过了很久的事，是否还和刚刚过去的事情一样让你记忆犹新？

如果你无法产生清晰的认识，可以猜测一下。过去是彩色的还是黑白的？是清晰的还是模糊的？然后，再以同样方式探索未来。这件事情有多重大？是彩色的吗？它是幻灯片还是电影？它是清晰的还是模糊的？你可以从中看到你自己吗？

当你确定了过去、现在、未来的方向与位置时，把这些位置当成一个个点，连接起这些点，就会形成我们的时间线。我们脑海中的时间线排列方式常常是不理想、不合理的，因为那是我们对于事件最原始的反应，而且我们容易被过去的经历影响，只记得那些负面经验，忽略一些正面经验，在这种情况下所形成的时间线，很容易影响我们对过去事件的看法和感受。

调整了时间线，也在脑海中改变了我们对过去事件的印象，改变了过去事件对我们的影响。同样，当将未来时间线调整到一个理想状态时，我们也会对未来保持乐观的态度。导出时间线后，重点在于如何调整时间线，才能让我们不受过去经验的影响，同时对未来保持适当的希望。

三、调整时间线，不再畏惧爱情

以安安为例。她的状况是，深受小时候父母吵架情景的影响，迟迟不敢踏入婚姻殿堂。我请安安检查她的时间线。安安说："她能想到的都是过去，和未来相比，过去的时间线比较长，比较亮，色彩比较丰富。"我尝试绘制安安脑海中的时间线轴图（见图 5-2）。

图 5–2　安安的时间线轴图

如果你愿意，也可以跟随下面的引导，用这些方法调整自己的时间线。

我告诉安安如下几个调整步骤。

（1）首先让自己知道，**你所做的任何改变都是暂时的**。你可以自由地尝试各种排列时间的方式。如果你不喜欢这些排列方式，还可以随时把你的时间线恢复原状。

（2）如果你的"过去"时间线就在你面前，请运用想象力试着将它移往某一侧，可以是左侧，也可以是右侧，看看移到哪一侧让你觉得舒适？移动后，注意自己的感受。

（3）如果你"过去"的时间线很长，运用你的想象力，尝试将它缩短一些。

（4）你也可以让"过去"的时间线有些弹性空间。比如在处理一些和过去无关的事情时，将它移到一旁；在需要很快地回忆起过去的事情时，再将它移回来。

（5）最后一步是，**必须确定你是否对移动后的时间线感到满意**。每个人都能找到最适合自己的时间线安排，请练习安排不同的时间线来适应不同的状况。

（6）在脑海里同时看向过去、现在、未来的时间线。

经过调整，在安安的时间线上，"过去"的时间线在左侧，"现在"的时间点在中间，"未来"的时间线在右侧。调整好"过去"的时间线后，安安觉得轻松了很多，卸下了过去经历的包袱，觉得自己可以轻松地走向未来。

下面，我们再来分析如何调整未来的时间线。小雪常常把时间和精力用于想象未来。在小雪的时间线上，未来占据了很大的比例，这也需要调整。

我尝试绘制小雪头脑中的时间线轴图（见图5-3）。

图 5-3 小雪的时间线轴图

如果你愿意，也可以跟随下面的引导，用这些方法调整自己的时间线。

我告诉小雪如下几个调整步骤。

（1）让自己知道，自己所做的任何改变都是暂时的。你可以自由地尝试各种排列时间的方式。如果你不喜欢这些方式，也可以随时将时间线恢复原状。

（2）运用想象力，把"未来"的时间线向右移，将它缩小些，调整它的颜色，让它不要那么显眼。

（3）运用想象力，把"过去"的时间线和"未来"的时间线之间的间隔拉大，让中间有更多位置留给"现在"。

（4）在脑海中同时看过去、现在、未来的时间线。过去的时间线在左侧，现在的时间线在中间，未来的时间线在右侧。

做好调整未来的时间线的练习后，过了三个月，小雪告诉我，她对未来的幻想变少了许多，更能够聚焦于现在，常常想着现在要做什么？现在可以做什么？

如果想要以新的姿态迎接爱情，首先我们要认识到，自己一直在成长，再也不是以前的自己。或许，如果只是看外在你还是你，但是如果看内在，会发现你已经成长了，拥有了全新的自我。你可以在潜意识中调整过去、未来在时间线上的比例，管理过去、未来对我们的影响，让自己不再害怕走入爱情。

觉察一下，你的爱情是否也受到了过去经验的影响。如果有，请你运用本节分享的方法，导出并调整你的时间线。

第二节　当原生家庭的阴影袭来，如何与伴侣好好相处

■　　■　　■　　■

－ 本节练习 －

当我们觉察过去经验已影响到家庭生活时，可以找出童年那个未被满足的期望，将期待转为渴望，并找到达成目标的方法。

当我们以新姿态开始自己的爱情时，可能还会遇到各种各样的问题，这一节我们来分析一下，如果原生家庭的阴影来袭，我们怎么与其和睦相处。

一、未被满足的期待会影响夫妻和睦相处

我的来访者军宏和我说，她的先生很爱她，可她却总是很任性，经常无理取闹。她意识到自己这样很不好，却不知道如何改变，觉得很苦恼。我通过与军宏交谈，了解到在她的成长过程中，父亲的角色一直是缺席的。因此，在童年时期，她心里一直有一个未被满足的期待，就是得到父亲的陪伴和疼爱。这种期待在成年后演变为渴望在各种关系中得到无条件的包容，在夫妻这样的亲密关系中，她在潜意识中觉得更应如此。

平常她和先生相处得很融洽。但是，如果先生没有向她报告行踪、反对她的决定，或者对她的行为稍有不满，军宏就会启动情绪按钮，并且大发脾气。她认为，这是因为自己太任性了，但是她没觉察到，这种任性其实有更深层的原因，就是和她的原生家庭的关系。

还有另一位来访者大伟。大伟与太太感情很好，婚姻生活很融洽。但是，有一件事经常引起夫妻俩的争执。那就是大伟会投入很多时间、精力照顾哥哥姐姐的家庭，可实际上，他是那个家中最小的孩子。大伟很在意太太对他这样做的看法，太太偏偏很不喜欢大伟这样做。于是，大伟认为太太小气，不能理解自己。

大伟的这种做法也是受到了童年经历的影响。原来，大

伟出生三个月后，父亲就去世了。从小到大，周围的大人总是对他指指点点，说他"克父"。他幼小的心灵一直活在"克父"的负罪感中，觉得是自己让这个家失去了依靠，希望用照顾家人、为家庭做贡献赎罪。大伟自懂事起，就承担了照顾家人的责任，这种照顾整个家庭的习惯在大伟组建了自己的家庭后，还是没有改变。

虽然上文我们一直强调原生家庭的影响，但看到大伟的案例，我们是不是能更深切地意识到，原生家庭对一个人有多么深远的影响。只是我们有时候可以很快觉察这种影响，有时候却浑然不觉。我们常说，在自我成长的过程中，"觉察是改变的开始"。换句话说，如果没有觉察，没有发现，原生家庭的影响就会一直存在。只有先认识到原生家庭对我们做了什么，我们才有可能在恋爱与婚姻中不再重蹈覆辙。

二、从对方身上可以看到你的期待

萨提亚曾说："谈恋爱时，双方都会以防卫的方式表现自己，不会以真实的内在情感行动，因此男女双方特别容易从对方身上看自己期待的东西。"

李雷和梅梅的恋爱就是这样。刚开始恋爱时，李雷表现得很坚强。而梅梅的内心对他有以下期待："他是个坚强的人，有能力照顾我。"这样看来，李雷正好符合了梅梅的期待。然而。相处久了之后，梅梅发现李雷的内心其实非常脆弱，总是优柔寡断，犹疑不定。

在这段恋爱中，梅梅表现得自信、外向、健谈。李雷内心的期待也恰恰是："她是个自信的人，相处起来很轻松。"梅梅也符合李雷的期待。然后，两人都没发现对方坚强的外表下其实都有脆弱的内心。

萨提亚说："青春期谈恋爱时，在冲动的驱动下，年轻人往往会不顾内心的惧怕去冒险。"而且，谈恋爱会提高情侣双方的自我价值感，让他们觉得自身更完整。他们在被爱时的感受是："你把我看得那么重要，我是有福气才会和你在一起。没有你，我活不下去。你在我身边，我会更完整。"

这种想法实际上是在说："当我能量不足时，我会从你那里获得补给，因为你的力量足够大，可以在紧急情况下支持我们两个人。"李雷和梅梅都能感受到对方对自己的期待，却没有深入探寻对方的期望和脆弱，彼此都像在用水晶球猜测对方。因此，当两人步入婚姻殿堂，与现实生活短兵相接时，受原生家庭影响的那个自我就会逐渐暴露，名为"期待对方保护自己"的堡垒自然也就崩塌了。

萨提亚说："人们在两性交往过程中一般会有两层心态，一层是隐藏缺点，另一层是互托自我价值感。"

1. 隐藏缺点

李雷和梅梅都能意识到自己的自我价值感不高，他们担心如果暴露了这一点，对方便不再爱自己。因此为了一直得到对方的爱，李雷告诉自己："不能让她觉察我其实很不自信。虽然我认为女人做事都不公正、无理性、爱讽刺、固执且专制，但绝不能暴露这样的想法。我也不能让她知道，我只知道一种和女性交往的方式，就是让她当主角，而我退避在一旁。"梅梅则告诉自己："我不能让他发现，我是无足轻重的，也不能表现出我认为男人都很吝啬、不负责任、优柔寡断、软弱，而且总是让女人扛重担。也不能让他知道，我已经做好准备，当他抱怨时，就自己挑起重担。这是我和男性交往的唯一方式。"

2. 互托自我价值感

李雷和梅梅知道，真正的自己可能并不符合对方的期待，但是他们想从与对方的交往中提升自我价值感，因此努力迎合对方的期待。梅梅对李雷说，觉得他很强壮，李雷便努力迎合"强壮"这种认知，放大自己强壮的一面。李雷告诉梅梅，觉得她很自信。梅梅便努力迎合"自信"这种认知，放大自己自信的一面。

这种关系会持续下去，直到步入婚姻殿堂。婚后的日常生活会打破这些"强壮""自信"的幻景，暴露被掩盖的懦弱或强势。**深藏的自我被曝光了，互托的自我价值感也回到了真**

实。李雷和梅梅发现彼此都不像对方想象的那样。

如果遇到军宏和大伟这样的状况，该怎么办呢？

萨提亚认为："童年未被满足的期待会影响人们长大成人后的生活。"在第一章第一节中，我们分享了一个小方法：在生活中发现让自己难受的状况时，找到产生类似感觉的童年经历，告诉自己，我现在已经长大了，拥有很多能力来应对类似的状况。

这一节，我们分享另外一种更细致的方法，帮助大家从对方身上看到自己的期待，并将这些期待转化成合理的渴望，更好地面对童年经历。

三、将期待转为渴望

下面是我引导军宏转化童年未被满足的期待时，与她的对话。你也可以跟随下面的引导自己进行练习。

我问军宏："当你的先生没有向你报告行踪、反对你的决定，或对你的行为不满时，在生气发火前，你有什么感觉、情绪、心情？"

军宏说："感觉很孤单。"

我说："这种孤单的感觉，让你有什么需求？或者说有什么期待？"

军宏说："希望有人可以完全接纳我、包容我，无论我做什么，他都赞同，这样我好像就不再孤单了！"

我说："在感觉被接纳、被包容时，你会得到什么？"

军宏说："我会觉得我这个人很有价值！"

我说："你渴望变成有价值的人，并希望通过无论做什么都会有人完全赞同来证明这一点，让自己不孤单，是这样吗？"

军宏说："我以前没想过是这样的，但听完老师说的这些，我很激动，原来我是这样的！"

我说："如果你渴望变得有价值，你可以通过把小时候孤单的自己接回来的办法实现。"

军宏说："我可以写日记，记录自己的优点和成绩。可以用并存的方法接纳自己。此外，我还可以多练习一致性沟通。"

对话结束后，军宏轻松了很多。一段日子后，我再次与军宏进行对话，她说，她之前对先生的期待是，他会有很多时间可以陪伴自己，完全包容自己。当先生没有包容自己时，军宏就认为他不爱自己了，自己可能会被抛弃。她的这些联想都与童年未被满足的期待有关。找到童年未被满足的期待底层的渴望，就可以对症下药，提升自我价值感。

最重要的是，当她再次遇到先生没有向她报告行踪的情况时，她会打电话询问先生的去向，并说出自己的担心。先生反对她的决定时，她会静下心来听听先生的意见。先生对她的行为感到不满时，她也会与先生心平气和地沟通。**之前的自动化反应——发脾气，转变为有意识、有选择、有觉知的反应，原生家庭的阴影转化成军宏成长的契机。**

我也用类似的方式引导大伟。大伟发现，因为"克父"，他产生了一种罪恶感。为了减轻这种罪恶感，他一直期待自己对整个家庭有贡献，能帮家里的忙。他期待通过这种方式得到家人的认可，在原生家庭里获得一个稳定的生存位置。当行为背后的逻辑脉络变得通透后，大伟开始改变与哥哥姐姐的互动，当哥哥姐姐的需求与小家的需求冲突时，他会优先照顾小家。

我问大伟："你的内在发生了什么？"

大伟说："我彻底明白了，父亲的过世与我的出生没有直接关系。我出生时，父亲已经生病了，医生也说过父亲救不回来了。"他回想自己的成长过程，发现自己对原生家庭的照顾已经有很多了，他自己也觉得足够了。再无底线地帮下去，很可能会影响自己的小家，他还是更想维护好自己的小家。

我问大伟："除了意识上的认知，还有没有什么方法，可以帮助你巩固现在的发现与决心？"

他说："建立界限很重要。"

我说："是的，**童年未被满足的那个期待，就像一股看不**

见的推力，推着你一直在原生家庭中贡献自己。现在看清楚了，就应该设定好界限，让自己既可以舒适地与原生家庭联结，也可以照顾好自己的小家。这样，你在小家中也可以得到认可，拥有适当的位置。"

下面，我整理一下具体的步骤，方便大家针对自己的状况进行转化。

（1）聚焦：家庭生活中容易引发情绪的事件。

（2）联结：童年未被满足的期待。

（3）期待转为渴望：可以用"当期待得到满足时，会为你带来什么"等问句。

（4）行动：找到方法，并达成自己的目标。如果渴望被爱，那么获得爱的方法有：一是自己爱自己；二是写日记记录自己的优点和成绩；三是回想自己从小到大被爱的经历，再小的事情都值得积累。

在日常生活中，当你觉察到过去经验已影响到家庭生活时，可以找出那个童年未被满足的期望，将期待转为渴望，并找到达成目标的方法。

第三节　发现伴侣像父母，如何填补内心缺失的爱

■　■　■　■

－ 本节概要 －

一、结婚后发现伴侣像父母

二、安抚内在小孩的方法

－ 本节练习 －

当你发现伴侣的行为方式和父母很像时，先觉察自己的内在是否真正需要成长。如果是，请运用上文提到的方法"把遗落的自己带回来"，同时多做提升自我价值感的练习。在这一节中，我们会分享"安抚内在小孩"的方法，请在生活中多落实这些方法。综合使用我们说过的几个方法，可以帮助自己的内在真正长大。

在和伴侣相处的过程中，你可能会发现伴侣的行为方式越来越像父母，这无疑会让人很痛苦。**你讨厌父母身上的某些缺点，却偏偏找了一个有同样缺点的伴侣，这该怎么办？** 这一节，我们来分析，发现伴侣像父母时，怎么填补内心缺失的爱。

一、结婚后发现伴侣像父母

我的学员静静就遇到了这种情况。父亲一直缺席静静的成长过程。他沉迷于休闲活动，每天下班后，吃完晚饭，人就不见了。她知道，父亲是去打麻将了。父亲很少关心静静，也不怎么和静静沟通，其实静静也没什么话要和父亲说。

父亲虽然很少和静静交流，却一直手握静静人生的决定权，静静读什么学校、找什么工作，都是父亲说了算。这让静静觉得自己仿佛不是在过自己的人生，她很不喜欢这种感觉。终于，在结婚这件事上，静静没有顺从父亲的安排，而是和自己喜欢的人组建了家庭。

可是，结婚后，静静发现先生居然和父亲很像，从来不考虑静静的感受，喜欢掌控她的生活，什么事都替她做主。

明明不喜欢父母的行为方式，最终却选了和父母很像的伴侣，怎么会这样？

在选择伴侣时，很多人会在不知不觉中选择与父母相似的伴侣。一项统计显示，大约有 42.7% 的受访者认为，自己容易被和父母有相似之处的人吸引。其中，58.7% 的男性觉得配偶与母亲相似，53.4% 的女性认为配偶与父亲相似。

这是因为，大部分人在小时候内化了对父母的依恋，产生了恋父或恋母的情结。作为在生命中占主导地位的依恋，这种

心理因素渐渐演变成一个人吸引和选择伴侣的潜意识蓝图。

但自我成长的过程，也是剥离对父母依恋的过程。当一个人的心智彻底成熟、自我真正长大时，就能区分对父母的依赖和对伴侣的爱恋这两种感情的不同。这样的人有能力识别真正的爱情，可以以爱为出发点选择伴侣。

也许你会说，这些话只能警示那些未婚的人，如果已婚后发现伴侣的行为方式很像父母，又要怎么填补内心已经缺失的爱？其实道理是一样的，即使已经进入婚姻，也要让内在的自己真正地长大，才能将自己与伴侣的关系转化为爱情。

二、安抚内在小孩的方法

我的来访者小刘有一对脾气暴躁的父母，他小的时候常常因一点儿小事被斥责。可他偏偏找了一个脾气不太好的妻子。小刘对责备、指责特别敏感，妻子和他说话，他总能捕捉到对方语气中的责备，并被引爆情绪，继而在言语上进行回击。因此，夫妻两人的对话经常以吵架收尾。

久而久之，两人结婚前的浓情蜜意几乎消磨殆尽，小刘的太太也很痛苦。小刘来求助，我请他先回忆起童年被斥责的事情，然后，一件一件地引导他练习"把遗落的自我带回家"，并向他介绍了提升自我价值感的方法，请他在日常生活中多进行实践。只要真正完成这些练习和实践，小刘的内在一定会真正成长。

除了让内在的自我真正成长，我们在生活中也要学会更好地照顾自己，也就是爱自己多一点儿。如果你给了自己源源不断的爱，你内心的爱就是充盈的，就不必外求，不必向伴侣"讨"爱。

成年以后，我们仍要在生活上持续照顾内在的小孩，让自己的内在真正地长大。那么如何在生活中给自己源源不断的爱呢？下面提供了一些通过照顾身体和感官的感受，安抚内在小孩的方法。

1. 身体方面

（1）按摩手、脚，冬天时配合使用乳液轻柔地按摩。

（2）洗澡时，多花一点儿时间，与自己的身体接触。

（3）可以尝试做水疗、泡温泉，充分与水接触。身处水中时，人会产生回到妈妈子宫里的感觉。

（4）制订一个运动或散步的时间表。运动或散步时，集中精神体会身体的移动。

（5）经常有意识地深呼吸，感受新鲜空气对身体的滋养，呼气时，把压力和负担一起呼出体外。

（6）中午小睡一会儿。

2. 饮食习惯方面

（1）偶尔吃一些较硬的东西，比如坚果。小时候因为长牙齿，会想要咬硬的东西，但那时经常被阻止，现在可以自己决定吃什么了，不妨吃一些硬的东西，弥补童年的缺失。

（2）偶尔可以放任自己，一边吃东西，一边工作。

（3）享受美食，这是个很好的解压方式。

（4）提醒自己多喝水。

（5）多吃蔬菜和水果。

3. 触感方面

（1）在冬天，用厚厚的棉被把自己包裹起来。婴儿刚出生时，会被紧实地包裹起来，厚厚的棉被会唤醒这种身体记忆，带给自己安全感。

（2）在家里放一个专属的抱枕或布偶，把它当成自己内在的小孩，在看电视等闲暇时间抱住它。

（3）如果有机会抱真正的小孩，专注而真诚地抱住他，想象是在抱着小时候的自己。

（4）到了生鲜超市，看到新鲜的水果、蔬菜时，如果有摸一下的冲动，就去摸一下。小时候我们经常被制止做这样的触摸动作，现在不要再压抑这种需求。

（5）到了玩具店，如果看到喜欢的玩具，就去摸一下。小时候，这种触摸通常也会被制止，现在我们可以尽情满足自己的好奇心。

4. 嗅觉方面

（1）飘香的美食，总能给人带来愉悦的感觉。

（2）水果的香味，也能让人身心愉快。

（3）花香总能勾起很多美好的记忆。比如，我特别喜欢桂花的味道，因为桂花总是会让我想起慈爱的外婆。

（4）挑选自己喜欢的精油，用精油也是很好地照顾自己、让自己放松的方法。

5. 探索方面

（1）在衣食住行或其他生活领域做点新鲜事。比如，你每天上班都是走固定路线，偶尔可以走不同的路线。

（2）上面提到的这些事情，不必每件都尝试，去尝试你最好奇、对你来说比较生疏的事情。日积月累，你会发现你从自己身上就已经能得到足够的爱，当自己足够自爱时，内在的自我也就真正地长大了。

当你发现伴侣的行为方式和父母很像时，请先觉察自己的内在是否需要真正的成长。如果是，请运用上文提到的方法"把遗落的自我带回家"，同时多做提升自我价值感的练习。

在这一节中，我们分享了"安抚内在小孩"的方法，请在生活中多落实这些方法。综合使用我们说过的几个方法，可以帮助自己的内在真正长大。

第六章 以新姿态教育子女

第一节 当自己被童年经历所牵绊时，如何及时滋养自己

■　■　■　■

- 本节概要 -

一、因带孩子而身心俱疲

二、自我环是我们的资源

三、运用自我环滋养自己

- 本节练习 -

在养育孩子的过程中，如果因童年经历的牵绊而感到疲累，请根据自我环的提示，为自己留出喘息的时间，充分滋养自己。

当我们步入婚姻后，下一步通常是迎接爱情的结晶。养育孩子不仅会使身体很疲累，如果在养育孩子的过程中受到童年经历的羁绊，我们的内心也会特别疲累。那么，如何解决这些问题，让自己和孩子都可以健康快乐地成长？这一节，我们来谈一谈，当童年的回忆被勾起时，如何及时滋养自己。

一、因带孩子而身心俱疲

学员燕燕是个两岁孩子的妈妈。工作、家庭、孩子，每一项都需要付出时间与精力，这让她觉得精疲力竭。尤其是孩子生病时，她更是焦头烂额，丝毫的休息都时间都没有。其实，真正让燕燕疲累的并不是照顾生病的孩子，而是因孩子生病产生的自责，这会让她觉得自己没照顾好孩子。

上文中提到过，如果一个人小时候经常被苛责，通常长大后也会苛责自己，燕燕就是这样。从小父母就对燕燕非常严厉苛刻，长大后，在生活方面、工作方面、带孩子方面……燕燕都对自己有很高的要求。因此，当孩子生病时，燕燕就会陷入深深的自责，责怪自己连小孩子都照顾不好，这种自责会让燕燕更难受。

我的来访者梅子也有相同的情况。她说，有一天保姆休息，先生加班，她休假独自在家，女儿突然哭闹不停。她实在没办法让孩子安静下来，于是开车带她出去兜风，可孩子还是一直哭闹。她只好把车子停在路边，之后自己也忍不住大哭起来。听到梅子的哭声，孩子反而不哭了。梅子说，看到孩子不哭了，她又很心疼。梅子觉察到自己这个错综复杂的心理过程，开始进行自我梳理。

梅子说，独自带孩子时，她有一种强烈的孤立无援的感觉。这让她想起自己小时候，那时父母常留她一个人待在家里。天黑了，她就坐在门口等父母，只有路灯那昏暗的微光陪着她。等待时，她会忍不住心慌，担心如果突然发生什么事情，弱小的自己应该怎么应对。

其实，燕燕和梅子遇到的这种情况很常见。为什么燕燕和梅子带孩子时会觉得身心俱疲呢？

萨提亚认为：“当成年人对于孩子的需求、快乐和好奇心表现得无动于衷时，孩子通常会备受打击，感到无能为力。”成年人常常用手指指着孩子的鼻子，警告他们，并试图管教他们。在这种情况下，孩子一般不会接受大人们的教育，而会记住被责备的感觉，这种被责备的感觉会在他们的心里延伸，让他们在没有被责备时也觉得被责备了，进行产生一种无力感。

童年时期，我们通过父母认识世界，即便这些行为方式曾对我们的心灵造成伤害，我们也会在潜移默化中复制父母的行为方式。这样的影响会伴随我们直到成年，有了自己的孩子后，这些影响会再次发挥作用。当你觉察到这些影响时，可以想想什么办法能帮助你走出这些影响。

在上文中，我们已经介绍过几种方法。比如，让内在的自己真正长大。当内在的自己真正长大后，我们在生活中仍要不断滋养自己、爱自己，巩固、扩大成长的成果。当内在的自己足够强大、成熟时，我们就不会再被童年的经历困扰，也可以更好地爱护孩子。

二、自我环是我们的资源

这里分享一个滋养自己的方法——自我环。我们在先行篇中详细介绍过自我环这一理念，在这里，我将展开谈一谈自我环与滋养自我的关系以及如何运用自我环。自我环是萨提亚家庭治疗模式的一个核心理念：**资源普遍存在于所有个体身上，尽管每个人都是独立而有差异的，但是人们内在的资源基本相同，这些资源就在自我环中。滋养自我环的各个方面，就是在充实自己的资源，滋养自己。**

自我环的中心是"我是"，代表神圣而有尊严的自我。八个圆环分别代表每个人普遍存在的内在资源，它们都是自我不可或缺的一部分。你对它们有多少了解？又如何使它们发挥作用？**八个圆环代表八个层面，各个层面是相互影响的，当各层**

面不和谐时，人就会容易疲累。只有各个层面都和谐融洽，人才会健康快乐。

那如何让这八个层面变得和谐融洽呢？下面分享滋养自我环的方法。

三、运用自我环滋养自己

首先，看着自我环的每一个层面，问问自己能否欣赏它？接着，想想你对自我环中每一个层面有多少了解？在哪些层面需要了解得更多？最后，请思考如何滋养自我环中的每一个层面。

下面，我来分享滋养自我环的方法。大家可以针对自己的状况，运用适合自己的方式滋养自己的自我环。

（1）身体：关心、留意、爱护自己的身体，多做运动。

（2）智性：通过不断思考与学习，优化自己的思维方式，让自己置身于有启发性的思想、书籍和学习经验中。

（3）情绪：要知道它们是为我们服务的，不是和我们作对的，学会善待自己的感觉，了解其需求。要知道，它们是我们接收外界信息、与外界进行交互的主要渠道。

（4）感官：尊重各个感觉器官的感知能力，明确感觉器官的作用，了解其需要。要知道，它们是我们感知外界事物的主要渠道。

（5）互动：开发解决冲突和自我发展的有效方法，建立平等和谐的人际关系。

（6）营养：为身体提供所需的营养，每个人的身体都是独特的，每个人所需的营养都是不同的。

（7）情境：使自己居住和工作场所的视野、声音、温度、灯光、色调、空气质量和空间结构更舒适。

（8）灵性：明确自己生活的意义。我们是世界的一部分，也是为了完全展现自我而活着，我们在自身之外，还有其他推动生活的动力。

我告诉燕燕和梅子，在照顾孩子的过程中，**除了要分辨清楚自己是不是被童年经历所牵绊，还要合理安排时间，让自己有喘息的机会。利用喘息的时间滋养自己，方法可以是上文提到的"安抚内在小孩"，或者规划好自我环**。

经过探索，燕燕觉得她的自我环中最需要滋养身体。因此，在下班后，燕燕不再急着回家，而是先到公司的健身房运动三十分钟。她每周一、三、五去健身，健身时间就是她的喘息时间，也是她滋养身体的时间。

梅子觉得，她的自我环最需要调整情境。梅子和先生商议，每周增加三小时的保姆时间。这三小时是她的喘息时间，也是她滋养自己的时间，梅子计划在这三小时里更多地亲近大自然。

　　燕燕和梅子在养育孩子的过程中，都因受到童年经历的影响感到身心疲惫。幸运的是，她们最终找到了滋养自己的方式。看到这儿，请你想一下，自己是不是也有类似的状况？如果有，**你是不是可以在养育孩子时，给自己喘息的时间，滋养自己。你可以把孩子当成小时候的自己，全心全意地爱他，这样不但滋养了孩子，也滋养了自己的内在小孩。**

　　在养育孩子的过程中，如果因童年经历的牵绊而感到疲累，请根据自我环的提示，为自己留出喘息时间，充分滋养自己。

第二节　不知不觉重蹈覆辙，如何防止伤害延续

■　　■　　■　　■

- 本节概要 -

一、你在用父母养育你的方式养育孩子吗

二、中正状态帮助我们觉察和改变

- 本节练习 -

请觉察自己对待孩子方式和父母对待自己的方式有哪些相似之处，试着写下三点。

很多人在组建了自己的家庭后，会把在原生家庭习得的观念、习惯等带入新的家庭，甚至把错误的教育方式延续到下一代。**有时候，我们并没有意识到，自己对待孩子的方式居然和父母那么像！惊觉时，你是不是很心疼孩子，却又不知道该怎么办？**

这一节我们就来谈一谈，"不知不觉重蹈覆辙，如何防止伤害延续"。在养育孩子的过程中，我们会在不知不觉中用父母养育自己的方式养育孩子，到底怎样才能终止这些教养方式？

一、你在用父母养育你的方式养育孩子吗

我的学员小赖是家里的长子，他非常内向。他的父亲很强势，也很严厉。父亲从不会鼓励小赖，并且无论小赖做了什么，他都持否定态度。小赖总觉得自己再怎么努力也不能让父亲满意。他不愿意和父亲讲话，从不主动和父亲沟通，连和父亲一起吃饭都觉得难受。

后来，小赖也成了一名父亲，他发现他的长子和小时候的自己很像，性格内向，不愿意与自己沟通，和自己坐在一起吃饭时，显出一副难受的样子……小赖很讨厌孩子这样，因此他用小时候父亲对待自己的方式，对待自己的孩子，小赖会骂他、向他咆哮，还不允许他反抗。

可冷静下来时，小赖又非常自责，他想不通，自己这是怎么了？该怎样避免自己和孩子重复父亲和自己的僵硬关系？

另一位学员霞飞和女儿的关系也不太好。她发现，女儿越来越像小时候的自己，固执、死板。而她对待女儿的方式也与妈妈对待自己的方式很像，常以打骂让女儿屈服。她说："好像是我把女儿塑造成这样的！天呀！怎么会这样！"觉察到这一点后，霞飞自己也很震惊。

霞飞叹了一口气，很感慨地说："不能再这样下去了，否则，这种糟糕的教育方式会代代相传、没完没了！"

二、中正状态帮助我们觉察和改变

很多父母都会有这样的感慨：不喜欢原生家庭的教育方式，极力避免重蹈覆辙，但是不知不觉中仍然会用父母对待自己的方式对待孩子，对孩子大吼大叫，无法耐心听孩子说话……为什么会这样呢？

心理学家荣格有一句名言：在将潜意识转为意识之前，它都会指导你的生活，而你将之称为"命运"。当人们没能觉察自己有某种情结时，通常是在被潜意识影响。潜意识悄无声息地掌管你的生活，甚至潜移默化地主导你的命运。

潜意识的力量远远大于意识，并且常常处于未被觉察的状态。我们只能管理自己觉察到的一切，真正主导我们行为的却是那些未能被我们觉察的潜意识。而潜意识如果没能进入意识，就会成为命运。

在漫长的成长过程中，我们对父母对待自己的方式习以为常。这些方式在不知不觉中进入了我们的潜意识。我们的意识没有觉察到，自己已经默认了这些教育孩子的方式。当我们成为父母时，潜意识就会主导我们采取这些方式教养孩子。

看到这里，你是不是已经认识到觉察很重要？在上文中，我们也一起探讨过觉察。这一节我们来探讨，如何在养育子女的过程中增强觉察的程度。除了前文中提到过的方法，这里会提供另外一种方法，那就是"回到中正状态"。

首先，我们来认识一下什么是"中正状态"。**中正即不偏不倚，以观察者的视角看待事情。"中正状态"就是始终以观察者的客观视角，与自己的中心维持联结的状态。**

看到这里，你是不是产生了一个疑问："为什么让自己处在中正状态，可以在教养小孩时增强觉察的程度，避免重蹈覆辙？"

因为**当我们处在中正状态时，会感觉到和自己以及周围的世界产生了联结。这时，你会对自己就在这里、在当下，有清晰明确的感受和认知，因此也不容易受过去经验的影响。**有了此时此刻的状态，霞飞就能专注于具体的事情。她开始尊重女儿的界限，当自己无法和女儿达成一致意见时，也不再通过打骂让女儿屈服。这样一来，女儿也不再固执、反抗了。

处于中正状态时，我们会更开放，更容易接纳在养育孩子的过程中发生的事情。就像小赖，当他再次发现孩子不想和自己一起吃饭时，他接受了这样的事实，在很平和的状态下与孩子沟通，了解孩子的想法，尊重孩子的决定。他再也不会像以前那样骂孩子、对孩子咆哮，还不允许孩子反抗。

请觉察自己在对待孩子的方式上和父母对待自己方式有哪些相似之处，试着写下三点。

第三节　当你坦然地面对自己时，就能给孩子最好的陪伴

■　　■　　■　　■

────────────────────────────────────

－ 本节概要 －

一、养育孩子时自我怀疑

二、确立养育孩子的价值观

三、确立养育孩子的态度

－ 本节练习 －

请大家设计自己养育孩子的蓝图，蓝图里包括养育孩子的三项价值观和三项态度。在和孩子互动时请你多多落实你的蓝图。

────────────────────────────────────

这本书已经进入尾声，最近几节我们都在谈养育孩子的问题。不知道大家有没有这样的感受：**在养育孩子的过程中非常紧张，总担心自己哪里做得不对，尤其是，如果父母或其他长辈提出各种批评或不同的建议，我们更会陷入深深的自我怀疑。** 其实，如果你坦然地面对自己，就能给孩子最好的陪伴。

一、养育孩子时自我怀疑

坦然地面对自己、相信自己并不是一件容易的事情。我年轻时，有一次和一位同学聊天，我们两个的孩子年龄相差不大，那时都在青春期。她说，希望两个女儿能长得高一点儿，为此，她买了很多钙片给她们吃，并且问我有没有给孩子吃钙片。我说："没有。"

接下来，同学开始对我说，如果给孩子吃钙片可以补充食物中缺失的营养，如果没有吃会又会有什么坏处……我越听越焦虑，心里有个声音说："怎么办？怎么办？我似乎让孩子错过了身体最佳的生长期。"

回到家，我对先生说："我同学给孩子吃钙片已经有一段时间了，可我们好像忽略了，孩子生长时需要补钙。"我先生很不以为然地说："你呀！不要总是被别人影响。"我知道自己是被同学影响了，可还是感到忐忑不安，怕自己在养育孩子的过程中疏漏了什么，影响孩子的发展。

我的学员安娜在照顾孩子方面很用心。孩子上幼儿园后，她认识了更多的家长，免不了会和他们交流育儿经验。之后，安娜开始反思自己在养育孩子方面是不是做得不够好。

比如，安娜为孩子报了很多兴趣班。她想在孩子小的时候就发掘出他的兴趣，确定他的兴趣，从小就开始有针对性地培养、学习，为将来掌握一技之长打好基础，让孩子长大后能更好地在社会立足。

在和其他家长交流时，她发现有的家长和她持有相同的看法，也为孩子安排了很多兴趣班。不过，她还听到了另外一种声音，就是让孩子自由自在地尽情玩耍。持这种观点的家长说，玩耍是孩子的天性，尽情地玩耍可以激发孩子的创造力，锻炼孩子解决问题的能力，这两种能力对孩子来说是最重要的。

安娜觉得这两种看法都有道理，那究竟是要让孩子尽情地玩耍，还是要让孩子多发掘兴趣呢？安娜百思不得其解，很苦恼。

在养育孩子的过程中，周围有太多声音，我们在不知所措时，可以运用上文提到的"让自己处于中正状态"的方法帮助自己。另外，只要你**能坦然面对自己，就能给孩子最好的陪伴**。

怎么坦然面对自己呢？意识到自己正在被原生家庭影响时，可以运用上文中介绍的方法，让自己回到舒适平静的状态中。首先，运用"并存"的方式，接纳自己在养育孩子的过程中，有时焦虑，有时笃定；接着，建立界限，以此让长辈们尊重我们养育孩子的方式。

二、确立养育孩子的价值观

要坦然地面对自己，更重要的是，要清楚在养育子女的问题上，你最看重什么？想养育出什么样的孩子？要培养哪些核心价值？

如果你清楚地知道自己养育孩子的方向，就更容易确立自己的教养方式，排除外在因素的影响。当我们很笃定时，孩子也会感到很安稳，这有利于他们的发展。

你可能会想到"三观"，就是世界观、人生观、价值观。世界观是人们对整个世界的总体看法和根本观点。由于社会地位、观察问题的角度不同，人们形成的世界观也不同。人生观是指对人生的看法，也就是对于人类生存的目的、价值和意义的看法。价值观是指对各种具体事物价值的总体看法和根本观点。

你知道自己养育孩子的价值观是什么吗？你想把孩子教成什么样子的人？比如，有自信、有冒险精神、有高抗压能力、勤奋努力、能与人合作、有赚钱能力……**可以根据自己的想法，罗列出自己认为重要的素质。先罗列想到的所有素质，然后筛选出自己最看重的三个。**在线下举办的心理学课堂中，每当进行这个活动时，大部分家长一开始都会想留下很多素质。但是，想达成的目标越多，就越不容易实现，保留三个最重要的目标，会更容易聚焦，也更容易达成。

当年我在养育孩子的过程中，也很容易在和同学交流经验时受到影响。后来，我和先生讨论了亲子教育的价值观，归纳出要让孩子"自信""有创造力""喜欢自己"，这三个方面是我们最看重的。**确立了这些，我在教养方面就笃定多了。当我再因听到不同的声音而稍有动摇时，就会想到和先生确定的养育孩子时的重点，并且消除犹疑，不再焦虑与彷徨。**

安娜也在和先生共同探讨后，归纳出要让孩子"坚强有毅力""有一技之长""对社会有贡献"。有了这个结论后，再和幼儿园的家长交流时，即便遇到不同的意见，安娜也可以微笑以待，不再被别人影响。

三、确立养育孩子的态度

明确了养育孩子最看重的价值观，就可以知道自己想要什么。但在这之后，我们**还需要确认自己在养育孩子时应该采取什么态度，这样才能给孩子最好的陪伴。**

价值观确定了养育孩子的方向，十分重要。但与孩子相处时采取什么态度也同样关键。养育态度影响与孩子相处的方方面面，包括衣、食、住、行等细节。

在决定以哪种态度与孩子相处时，同样不能选择太多。选

择太多，我们往往做不到，也容易混乱。**最好选择三个态度，而且这三个态度最好相关并且互不冲突。**

那么，在养育孩子的态度上，到底有哪些选项呢？下面列举一些供大家参考：信任、坚定、温柔、共情、倾听、陪伴、忍耐、包容、乐观……

安娜选择了自己比较容易做到的态度——"共情""拥抱""包容"。当孩子的学习出现问题时，安娜就用这样的态度和孩子互动，以后她也会继续用这样的态度陪伴孩子。

我选择了"幽默""稳定""柔软"。我觉得自己欠缺幽默感，在养育孩子的过程中，我想让自己也培养出一项新的素质，和孩子共同成长，这样也很好；在待人接物上，我比较容易做到稳定，我希望在养育孩子方面也可以相对稳定一点儿；对我来说，柔软也比较容易做到。所以，我就选择用这三种态度陪伴孩子。

关于养育孩子的态度，萨提亚有一段很经典的叙述，她说：

> 我想要爱你而不抓住你；
>
> 感激你而不评断；
>
> 参与你而不侵犯；
>
> 邀请你而不要求；

离开你而不愧疚；

批评你而不责备；

并且，帮助你而不侮辱；

如果我也能从你那边得到相同的，

那么我们就会真诚地相会，

而且丰润彼此。

明确的价值观，再配合明确的养育态度，就是养育孩子的最佳蓝图。

请大家设计自己养育孩子的蓝图，蓝图里包括养育孩子的三项价值观和三项态度。在和孩子互动时请你多多落实你的蓝图。